Salate

Salate

Knackig-frische Rezeptideen aus dem Gemüsegarten

Parragon

Bath New York Singapore Hong Kong Cologne Delhi Melbourne

Love Food is an imprint of Parragon Books Ltd

Parragon Books Ltd
Queen Street House
4 Queen Street
Bath BA1 1HE, UK

Übersetzung: Lisa Heilig, Köln
Satz und Projektkoordination:
trans texas publishing, Köln

ISBN 978-1-4075-9658-7
Printed in China

Sofern die Schale von Zitrusfrüchten benötigt wird, verwenden Sie unbedingt unbehandelte Früchte.
Sind Zutaten in Löffeln angegeben, ist immer ein gestrichener Löffel gemeint: Ein Teelöffel entspricht 5 ml, ein Esslöffel 15 ml.
Sofern nicht anders angegeben, wird Vollmilch (3,5% Fett) verwendet.
Es sollte stets frisch gemahlener schwarzer Pfeffer verwendet werden.
Bei Eiern und einzelnen Gemüsesorten, z.B. Kartoffeln, verwenden Sie mittelgroße Exemplare.
Kinder, ältere Menschen, Schwangere, Kranke und Rekonvaleszenten sollten auf Gerichte mit rohen oder nur leicht gegarten Eiern verzichten.
Die angegebenen Zeiten können von den tatsächlichen leicht abweichen, da je nach verwendeter Zubereitungsmethode und vorhandenem Herdtyp Schwankungen auftreten.

Inhalt

Knackige Frische – zu jeder Jahreszeit

Seit einigen Jahren hat sich auf den Salattellern einiges getan. Was heute serviert wird, hat nichts mehr mit in süßer Kondensmilch-Sauce ertränkten Salatblättern, matschigen Kartoffelsalaten und den geschmacklosen Tomaten von einst zu tun.

Heute sind Salate gesunde, kalorienarme und leichte Mahlzeiten, zusammengestellt aus einer Vielfalt an köstlichen, farbenfrohen Zutaten, die reichlich Vitamine und Mineralstoffe enthalten – ideal für eine gesunde Ernährung.

In diesem Buch finden Sie eine Fülle von Salatrezepten für jede Gelegenheit – vom schnellen Mittagessen bis zur eleganten Dinnerparty.

Aber Salate schmecken nicht nur im Sommer. Sie bringen zu jeder Jahreszeit Abwechslung und Frische in Ihren Speiseplan. Das jeweilige Gemüse der Saison kann gut zu einem knackigen Salat verarbeitet werden. Lassen Sie einfach Ihrer Fantasie freien Lauf!

Salate lassen sich so vielseitig gestalten, dass sie sowohl Vegetarier als auch Fleischesser gleichermaßen glücklich machen. Fleisch und Geflügel sowie Fisch und Meeresfrüchte sind ideale Salatzutaten und können wunderbar mit klassischen Blattsalaten, Gemüse, Früchten, Kräutern, Nüssen, Körnern, Hülsenfrüchten und Käse kombiniert werden. Mit diesen Zutaten können Sie sowohl einen leichten als auch einen sehr sättigenden Salat zusammenstellen. So lassen sich Salate als Vorspeise, Hauptspeise, oder mit Früchten, als Nachspeise servieren.

In diesem Buch finden Sie neben den großen Klassikern wie Caesar Salad, Chefsalat oder Salade niçoise auch wunderbare neue Salate, die von der Aromenvielfalt Asiens inspiriert wurden. Falls Ihnen also der klassische Salat mit Hähnchen- oder Putenbruststreifen zu langweilig geworden ist, so probieren Sie einmal die thailändische Version (Seite 102). Sie werden begeistert sein!

Der gesunde Salatteller

Salat stand vor einigen Jahren noch in dem Ruf, nur etwas für Vegetarier und Kalorienzähler zu sein. Heutzutage

sind Salate Bestandteil einer gesunden Ernährung. Sie sind im Handumdrehen zubereitet und liefern viele Vitamine und Mineralstoffe.

Mit frischen Produkten aus aller Welt, die mittlerweile in den meisten gut sortierten Supermärkten erhältlich sind, können Sie das ganze Jahr lang knackig frische Salate genießen. Verwenden Sie aber vorwiegend einheimische Produkte der Saison, die immer am besten schmecken.

Ernährungswissenschaftler raten, täglich fünf Portionen Obst und Gemüse zu essen. Salate machen es Ihnen einfacher, genussvoll dieses Ziel zu erreichen. Genießen Sie zum Beispiel einen traditionellen griechischen Salat (Seite 17) oder eine Insalata Caprese (Seite 34). Diese Salate sind leicht und lecker!

Wenn Sie unter Salat nur ein paar grüne Blätter mit einem einfachen Essig-Öl-Dressing verstehen, ist es an der Zeit umzudenken. Schließlich war die Auswahl nie größer als heute!

Salat besteht nicht nur aus Rohkost. Gegartes Fleisch und Geflügel, Fisch und Meeresfrüchte oder Gemüse machen aus einem Salat eine nahrhafte, vollwertige Mahlzeit. Versuchen Sie beispielsweise den Salat mit kaltem Braten & Kürbis (Seite 113), den Salat von geräuchertem Hühnchen mit Avocadodressing (Seite 110) oder den Reissalat mit Garnelen (Seite 145). Auch viele vegetarische Salate können als Hauptgericht serviert werden, dazu gehört der arabisch inspirierte Quinoa-Taboulé (Seite 190) oder die Rohkost mit Buchweizennudeln & Tofu (Seite 193). Gegartes Gemüse eignet sich hervorragend zur Salatzubereitung: Mit gegrillter Paprika und blanchierten Bohnen oder Erbsen können Sie Ihren Salat noch abwechslungsreicher gestalten.

Farbenfrohe Salate

Bei einer solch großen Auswahl an Zutaten bleiben die Blattsalate doch die absoluten Lieblinge und die Basis für viele Salate. Schauen Sie sich im Supermarkt, beim Gemüsehändler oder auf Märkten um, und Sie entdecken eine Vielzahl an Farben, die vom weißen Chicorée über grünen Salat bis hin zum roten Radicchio reichen. Sie alle haben ihren ganz eigenen Geschmack, von nussig mild bis kräftig würzig.

Je mehr unterschiedliche Blattsalate Sie für einen Salat verwenden, desto besser schmeckt er und desto nährstoffreicher ist er auch. Je dunkler die Blätter, wie etwa die von jungem Spinat, desto mehr Betakarotine sind enthalten. Darüber hinaus ist grünes Blattgemüse ein hervorragender Ballaststofflieferant.

Es ist zwar einfach und bequem, sich einen Beutel Salatmix aus dem Kühlregal eines Supermarktes zu nehmen, besser, und vor allem gesünder, ist es allerdings, sich seine eigene Mischung aus frischer Ware vom Gemüsehändler oder Markt zusammenzustellen. Asiatische oder türkische Supermärkte sind eine gute Quelle für etwas ausgefallenere Zutaten.

Diese Salatsorten bringen Abwechslung in Ihre Salatschüssel:

• Brunnenkresse – der frische, leicht scharfe Geschmack der kleinen runden Blätter erinnert an den ihrer Verwandten, der Gartenkresse. Dünne Stängel können mitverzehrt, dickere sollten abgetrennt werden.

• Feldsalat, auch Acker,- Vogerl- oder Rapunzelsalat genannt, wird hauptsächlich im Herbst und Winter angeboten. Die dunkelgrünen Blättchen haben ein leicht nussiges Aroma.

• Frisée – der Verwandte des Endiviensalats hat gezackte hellgrüne Blätter mit leicht bitterem Aroma.

• Kapuzinerkresse – nicht nur die Blüten sind essbar, sondern auch die zarten Blätter.

• Radicchio – kleine Salatköpfe mit eng anliegenden kräftig roten Blättern. Er gehört zur Familie der Chicoréegewächse und wird vor allem im Herbst und Winter angeboten. Er hat ein nussiges, bitteres Aroma.

• Romanasalat, auch Römischer oder Römersalat genannt. Die Köpfe mit den kräftigen grünen Blättern und der dicken Mittelrippe haben einen süßlich nussigen Geschmack.

• Rucola oder Rauke – der Trendsalat der letzten Jahre. Seine dunkelgrünen gezackten Blätter werten jeden Salat auf. Die darin enthaltenen Senföle sorgen für sein leicht pfeffriges bis scharfes Aroma.

Frisch halten

Nur aus frischen Zutaten lassen sich auch gesunde und leckere Salate zubereiten! Weil die Blätter einen hohen Wasseranteil haben, sind sie nicht lange haltbar. Kaufen Sie Salat also immer frisch ein. Nicht nur, dass er dann besser schmeckt, er enthält auch mehr Vitamine und Nährstoffe.

Lassen Sie sich beim Salatkauf von Ihren Augen leiten: Frische Ware sieht auch frisch aus! Die Blätter dürfen keine braunen, welken oder gar schleimigen Stellen haben.

Schwenken Sie den Salat kurz in kaltem Wasser, und trocknen Sie ihn ab. Lassen Sie ihn nie längere Zeit in Wasser liegen, da sonst viele der wasserlöslichen Vitamine und Mineralstoffe ausgeschwemmt werden.

Zwar sollten Sie frischen Salat so schnell wie möglich verzehren, doch ganz frische Ware hält sich im Gemüsefach des Kühlschranks bis zu vier Tage. Fertiger Salatmix aus dem Beutel hingegen sollte nicht länger als 24 Stunden aufbewahrt werden. Ein Blattsalat kann mehrere Stunden im Voraus geputzt und dann im Kühlschrank aufbewahrt werden. Das Dressing sollten Sie erst unmittelbar vor dem Servieren zugeben, da der Salat sonst schnell zusammenfällt und unappetitlich aussieht.

Erfrischende Blatt- und Gemüsesalate

Caesar Salad

Für 4 Personen

Zutaten

1 großes Ei
1 großer Romanasalat, abgespült und in einzelne Blätter getrennt
6 EL Olivenöl
2 EL Zitronensaft
Salz und Pfeffer
8 eingelegte Sardellenfilets, abgetropft und grob gehackt
80 g frisch gehobelter Parmesan

Knoblauchcroûtons

4 EL Olivenöl
2 Knoblauchzehen
5 Scheiben Weißbrot, Rinde entfernt, in 1 cm große Würfel geschnitten

In einem kleinen Topf etwas Wasser zum Kochen bringen, das Ei zugeben und 1 Minute kochen. (Der Dotter sollte noch flüssig sein.) Herausnehmen und beiseitestellen.

Für die Knoblauchcroûtons das Olivenöl in einer Pfanne erhitzen. Knoblauch und Brotwürfel hineingeben und unter Rühren 4–5 Minuten braten, bis die Croûtons goldbraun und knusprig sind. Mit einem Schaumlöffel herausnehmen und auf Küchenpapier abtropfen lassen.

Die Salatblätter in eine große Schüssel geben. Olivenöl und Zitronensaft in einer kleinen Schüssel verrühren und mit Salz und Pfeffer abschmecken. Das Ei aufschlagen und mit dem Dressing verquirlen. Über den Salat gießen, Sardellenfilets und Croûtons zugeben und gut vermengen. Mit den Parmesanspänen bestreuen und sofort servieren.

Traditioneller griechischer Salat

Für 4 Personen

Zutaten
200 g Feta
½ Eisbergsalat oder 1 Romanasalat, in Streifen geschnitten oder zerpflückt
4 Tomaten, in Spalten geschnitten
½ Gurke, in Scheiben geschnitten
12 schwarze entsteinte Oliven
2 EL frisch gehackte Kräuter, z. B. glatte Petersilie, Oregano, Minze oder Basilikum
1 kleine Zwiebel, in Ringe geschnitten (nach Belieben)

Dressing
6 EL natives Olivenöl extra
2 EL Zitronensaft
1 Knoblauchzehe, zerdrückt
1 Prise Zucker
Salz und Pfeffer

Für das Dressing alle Zutaten in eine Schüssel geben, gut verrühren und beiseitestellen. Den Feta in etwa 2,5 cm große Würfel schneiden. Salatblätter, Tomaten, Gurken und Feta in eine große Schüssel geben und vermengen.

Das Dressing über den Salat gießen und unterrühren. Mit Oliven, Kräutern und nach Belieben mit Zwiebeln garnieren und servieren.

Salat mit Mozzarella & Tomatendressing

Für 4 Personen

Zutaten

100 g gemischte Salatblätter, z.B. Frisée, Feldsalat und Radicchio
500 g geräucherter Mozzarella, in Scheiben geschnitten

Tomatendressing

140 g getrocknete Tomaten in Olivenöl, abgetropft und Öl aufbewahrt
15 g Basilikum, grob gehackt
15 g glatte Petersilie, grob gehackt
1 EL Kapern, abgespült
1 EL Balsamico-Essig
1 Knoblauchzehe, grob gehackt
Olivenöl (nach Bedarf)
Salz und Pfeffer

Getrocknete Tomaten, Basilikum, Petersilie, Kapern, Essig und Knoblauch in eine Küchenmaschine geben. 150 ml vom zurückbehaltenen Olivenöl abmessen. (Falls nicht genügend vorhanden, mit zusätzlichem Olivenöl auffüllen.) Zu den anderen Zutaten gießen und alles glatt pürieren. Mit Salz und Pfeffer abschmecken.

Die Salatblätter auf 4 Teller verteilen und die Mozzarellascheiben darauf anrichten. Das Dressing mit einem Löffel über den Salat träufeln. Sofort servieren.

Rote-Bete-Salat

Für 4 Personen

Zutaten

650 g gekochte Rote Bete
3 EL natives Olivenöl extra
Saft von 1 Orange
1 TL Zucker
1 TL Fenchelsamen
Salz und Pfeffer
120 g kleine Spinatblätter

Die Rote Bete in Würfel schneiden. Das Olivenöl in einem kleinen schweren Topf erhitzen. Orangensaft, Zucker und Fenchelsamen hineingeben und mit Salz und Pfeffer würzen. So lange unter Rühren köcheln lassen, bis sich der Zucker aufgelöst hat.

Die Rote-Bete-Würfel in den Topf geben und vorsichtig mit dem Dressing vermengen. Den Topf vom Herd nehmen.

Die Spinatblätter in eine große Salatschüssel geben. Die warme Rote Bete auf den Spinatblättern verteilen und servieren.

Warmer Gemüsesalat mit Mozzarella

Für 4 Personen

Zutaten

2 Süßkartoffeln, in Stücke geschnitten
2 EL Olivenöl
2 Knoblauchzehen, zerdrückt
Salz und Pfeffer
1 große Aubergine, in Scheiben geschnitten
2 rote Paprika, in Streifen geschnitten
200 g gemischte Salatblätter
300 g Mozzarella, in Scheiben geschnitten

Dressing

1 EL Balsamico-Essig
1 Knoblauchzehe, zerdrückt
3 EL Olivenöl
1 kleine Schalotte, fein gehackt
2 EL frisch gehackte gemischte Kräuter, z.B. Estragon, Dill und Basilikum
Salz und Pfeffer

Den Backofen auf 190°C vorheizen. Süßkartoffeln, Olivenöl und Knoblauch auf ein Backblech geben, mit Salz und Pfeffer würzen und gut vermengen. 30 Minuten im Ofen garen, bis die Süßkartoffeln weich und gebräunt sind. Aus dem Ofen nehmen und beiseitestellen.

Den Backofengrill vorheizen. Auberginenscheiben und Paprikastreifen auf ein Backblech legen und unter gelegentlichem Wenden 10 Minuten grillen, bis sie weich und gebräunt sind.

Für das Dressing alle Zutaten in eine Schüssel geben und gut verrühren.

Die Salatblätter auf 4 Teller verteilen und das warme Gemüse und die Mozzarellascheiben darauf anrichten. Mit dem Dressing beträufeln und servieren.

Pilzsalat

Für 4 Personen

Zutaten

3 EL Pinienkerne
4 EL Olivenöl
2 rote Zwiebeln, gehackt
2 Knoblauchzehen, zerdrückt
3 Scheiben Weißbrot, gewürfelt
200 g gemischte Salatblätter
250 g Creme-Champignons, halbiert
150 g Shiitake-Pilze
150 g Austernpilze, halbiert

Dressing

1 Knoblauchzehe, zerdrückt
2 EL Rotweinessig
4 EL Walnussöl
1 EL frisch gehackte Petersilie
Salz und Pfeffer

Eine beschichtete Pfanne erhitzen und die Pinienkerne unter Rühren kurz anrösten. Auf einen Teller geben und beiseitestellen.

1 Esslöffel Olivenöl in einer Pfanne erhitzen und die Zwiebelwürfel darin goldbraun andünsten. Beiseitestellen.

1 Esslöffel Olivenöl und den Knoblauch in die Pfanne geben und erhitzen. Die Brotwürfel zugeben und unter Rühren 5 Minuten goldbraun anbraten. Aus der Pfanne nehmen und auf Küchenpapier abtropfen lassen.

Salatblätter und Zwiebeln auf 4 Teller verteilen. Für das Dressing alle Zutaten in einer Schüssel verrühren und den Salat damit beträufeln.

Das restliche Olivenöl in einer Pfanne erhitzen. Champignons und Shiitake-Pilze 2–3 Minuten unter häufigem Wenden andünsten. Die Austernpilze zugeben und weitere 2–3 Minuten garen. Die heißen Pilze auf die Teller verteilen. Mit Pinienkernen und Croûtons bestreuen und sofort servieren.

Warmer Linsensalat mit Ziegenkäse

Für 4 Personen

Zutaten

2 EL Olivenöl
2 TL Kreuzkümmelsamen
2 Knoblauchzehen, zerdrückt
2 TL frisch geriebener Ingwer
300 g rote Linsen
700 ml Gemüsebrühe
2 EL frisch gehackte Minze
2 EL frisch gehackter Koriander
2 rote Zwiebeln, in feine Ringe geschnitten
200 g kleine Spinatblätter
1 TL Haselnussöl
150 g Ziegenfrischkäse
4 EL Naturjoghurt
Pfeffer

Die Hälfte des Olivenöls in einem großen Topf erhitzen. Kreuzkümmelsamen, Knoblauch und Ingwer zugeben und unter Rühren 2 Minuten andünsten.

Die Linsen zufügen. Die Brühe nach und nach zugießen und gut verrühren. Nach etwa 20 Minuten ist die Brühe fast vollständig aufgesogen. Dann den Topf vom Herd nehmen und die Kräuter unterrühren.

Währenddessen das restliche Olivenöl in einer Pfanne erhitzen. Die Zwiebeln zugeben und goldbraun dünsten. Beiseitestellen.

Spinatblätter und Haselnussöl vermengen und auf 4 Teller verteilen.

Den Ziegenkäse in einer Schüssel zerdrücken, mit dem Joghurt vermengen und mit Pfeffer würzen.

Linsen und Ziegenkäse auf dem Spinat anrichten, die Zwiebelringe darauf verteilen und servieren.

Bohnen-Walnuss-Salat

Für 2 Personen

Zutaten
500 g grüne Bohnen
1 kleine Zwiebel, fein gehackt
1 Knoblauchzehe, gehackt
4 EL frisch geriebener Parmesan
2 EL gehackte Walnüsse oder Mandeln, zum Garnieren

Dressing
6 EL Olivenöl
2 EL Weißweinessig
Salz und Pfeffer
2 TL frisch gehackter Estragon

In einem Topf Salzwasser zum Kochen bringen und die Bohnen darin 10 Minuten bissfest garen. Abgießen, unter fließend kaltem Wasser abschrecken und gut abtropfen lassen. In eine Salatschüssel geben und mit Zwiebel, Knoblauch und Parmesan vermengen.

Für das Dressing alle Zutaten in einer Schüssel verrühren. Das Dressing über die Bohnen gießen und vorsichtig vermengen. Die Schüssel abdecken und mindestens 30 Minuten im Kühlschrank ziehen lassen. Den Salat 10 Minuten vor dem Servieren aus dem Kühlschrank holen, vermengen und auf Teller oder Schalen verteilen.

Die Nüsse in einer beschichteten Pfanne 2 Minuten anrösten und über den Bohnensalat streuen. Sofort servieren.

Erfrischender Tomatensalat

Für 4 Personen

Zutaten

900 g Tomaten, in dünne Scheiben geschnitten
1 EL Zucker (nach Belieben)
Salz und Pfeffer
1 rote Zwiebel, in feine Ringe geschnitten
2 EL frisch gehackte gemischte Kräuter, z.B. Estragon, Schnittlauch, Koriander oder Basilikum

Dressing

2 EL Rotwein- oder Obstessig
2–4 EL Pflanzenöl

Die Tomatenscheiben auf einem großen Servierteller anrichten und nach Geschmack mit Zucker bestreuen. Salzen und pfeffern.

Die Zwiebeln in einzelne Ringe trennen und über den Tomaten verteilen. Mit den Kräutern bestreuen.

Für das Dressing Essig und Öl in ein Schraubglas füllen, kräftig schütteln und über die Tomaten gießen. Mit Frischhaltefolie abdecken und 20 Minuten im Kühlschrank ziehen lassen. Den Salat 5 Minuten vor dem Servieren aus dem Kühlschrank nehmen.

Nussiger Rote-Bete-Salat

Für 4 Personen

Zutaten

3 EL Rotwein- oder Obstessig
3 Rote Bete, gekocht und in Streifen geraspelt
2 säuerliche Äpfel, z.B. Granny Smith
2 EL Zitronensaft
150 g gemischte Salatblätter, zum Servieren
4 EL Pekannüsse, zum Garnieren

Dressing

50 g Joghurt
50 ml Mayonnaise
1 Knoblauchzehe, gehackt
1 EL frisch gehackter Dill
Salz und Pfeffer

Den Essig über die Rote Bete träufeln, mit Frischhaltefolie abdecken und mindestens 4 Stunden im Kühlschrank ziehen lassen.

Die Äpfel entkernen, in Scheiben schneiden und mit dem Zitronensaft beträufeln.

Für das Dressing die Zutaten in einer Schüssel verrühren und über die Rote Bete gießen. Die Apfelscheiben zugeben und vorsichtig vermengen.

Zum Servieren die Salatblätter auf 4 Teller verteilen und den Rote-Bete-Salat darauf anrichten.

Die Pekannüsse in einer beschichteten Pfanne 2 Minuten anrösten. Über den Salat streuen und servieren.

Insalata Caprese

Für 4 Personen

Zutaten

300 g Büffelmozzarella, in Scheiben geschnitten
8 Fleischtomaten, in Scheiben geschnitten
Salz
20 Basilikumblätter
125 ml natives Olivenöl extra
Pfeffer

Die Mozzarella- und Tomatenscheiben fächerartig auf 4 Tellern anrichten. Salzen, mit Frischhaltefolie abdecken und 15 Minuten im Kühlschrank ziehen lassen.

Auf jedem Teller 5 Basilikumblätter verteilen. Mit dem Olivenöl beträufeln, mit Pfeffer würzen und servieren.

Salat von gegrillter Paprika

Für 4 Personen

Zutaten

- 6 große rote, orangefarbene oder gelbe Paprika, halbiert
- 4 hart gekochte Eier, in Spalten geschnitten
- 12 Sardellenfilets in Öl, abgetropft und in Stücke geschnitten
- 12 große entsteinte Oliven
- natives Olivenöl extra
- Sherry-Essig
- Salz und Pfeffer
- Roggenmischbrot, zum Servieren

Den Backofengrill vorheizen. Die Paprikahälften auf einem Backblech verteilen und 10 Minuten grillen. Noch heiß in einen Gefrierbeutel füllen, verschließen und abkühlen lassen. Dann die Haut von den Paprikahälften abziehen. Die Paprika in Streifen schneiden und auf einem Teller anrichten.

Eier, Sardellenfilets und Oliven auf dem Salat verteilen.

Den Salat mit Olivenöl und etwas Essig beträufeln und mit Salz und Pfeffer würzen. Mit Roggenmischbrot servieren.

Tomatensalat mit ausgebackenem Feta

Für 4 Personen

Zutaten

12 Eiertomaten, in Scheiben geschnitten
1 kleine rote Zwiebel, in feine Ringe geschnitten
20 g Rucola
20 schwarze entsteinte Oliven
200 g Feta
1 Ei
3 EL Mehl
2 EL Olivenöl

Dressing

3 EL natives Olivenöl extra
Saft von einer ½ Zitrone
2 TL frisch gehackter Oregano
1 Prise Zucker
Pfeffer

Für das Dressing die Zutaten in einer Schüssel verrühren und beiseitestellen.

Tomaten, Zwiebel, Rucola und Oliven auf 4 Teller verteilen.

Den Feta in etwa 2,5 cm große Würfel schneiden. Das Ei in einem tiefen Teller verquirlen, das Mehl auf einen weiteren Teller geben. Die Feta-Würfel erst im Ei und anschließend im Mehl wenden.

Das Olivenöl in einer großen Pfanne erhitzen und die Feta-Würfel bei mittlerer Hitze rundum goldbraun anbraten.

Die noch warmen Feta-Würfel auf dem Salat verteilen. Das Dressing nochmals verrühren und mit einem Löffel über den Salat träufeln. Sofort servieren.

Bunter Paprikasalat mit Ziegenkäse

Für 4 Personen

Zutaten
2 rote Paprika, halbiert
2 grüne Paprika, halbiert
2 orangefarbene oder gelbe Paprika, halbiert
6 Frühlingszwiebeln, fein gehackt
1 EL Kapern, abgespült
200 g weicher Ziegenkäse, Rinde entfernt und in Stücke zerteilt
frisch gehackte glatte Petersilie

Vinaigrette
100 ml Olivenöl
3 EL Weißweinessig
½ TL Zucker
Salz und Pfeffer

Den Backofengrill vorheizen. Die Paprikahälften auf einem Backblech verteilen und 10 Minuten grillen. Noch heiß in einen Gefrierbeutel füllen, verschließen und abkühlen lassen. Dann die Haut von den Paprikahälften abziehen. Die Paprika in Streifen schneiden und auf einem Teller anrichten.

Für die Vinaigrette die Zutaten in einer Schüssel verrühren und über die Paprikastreifen gießen. Frühlingszwiebeln, Kapern und Käse darauf verteilen. Mit Petersilie bestreuen und servieren.

Dicke-Bohnen-Salat

Für 4 Personen

Zutaten

1,3 kg frische dicke Bohnen oder 500 g Tiefkühlware
150 g Feta, zerkrümelt
1 Bund Frühlingszwiebeln, in feine Ringe geschnitten
2 EL frisch gehackter Dill oder Minze
2 hart gekochte Eier, geviertelt

Dressing

6 EL natives Olivenöl extra
abgeriebene Schale von 1 Zitrone
2 EL Zitronensaft
1 kleine Knoblauchzehe, zerdrückt
1 Prise Zucker
Pfeffer

Zum Servieren

Weißbrot
Naturjoghurt (nach Belieben)

Für das Dressing alle Zutaten in einer Schüssel verrühren und beiseitestellen.

Bei Verwendung von frischen Bohnen diese enthülsen und 20–30 Minuten in kochendem Salzwasser garen. (Tiefgefrorene Bohnen müssen nur 5 Minuten in Salzwasser garen.) Die Bohnen abgießen, abtropfen lassen und in eine Salatschüssel geben.

Das Dressing über die noch warmen Bohnen gießen. Feta und Frühlingszwiebeln zugeben und vermengen. Mit dem Dill bestreuen und die Eiviertel darauf verteilen.

Warm mit Brot servieren. Nach Geschmack etwas Joghurt in einer Schale dazu reichen.

Mexikanischer Tomatensalat

Für 4 Personen

Zutaten

600 g Tomaten, gehäutet, entkernt und in Stücke geschnitten
1 Zwiebel, in feine Ringe geschnitten
400 g Kidney-Bohnen aus der Dose, abgespült und abgetropft

Dressing

1 frische grüne Chili, entkernt und fein gehackt
3 EL frisch gehackter Koriander
3 EL Olivenöl
1 Knoblauchzehe, fein gehackt
4 EL Limettensaft
Salz und Pfeffer

Tomaten, Zwiebelringe und Bohnen in eine Schüssel geben und vermengen.

Für das Dressing alle Zutaten in eine Schüssel geben und verrühren.

Das Dressing über den Salat gießen und gut vermengen. Sofort servieren.

Thailändischer Nudelsalat

Für 4 Personen

Zutaten

25 g getrocknete Wolkenohrpilze (Mu-err-Pilze)
50 g getrocknete Shiitake-Pilze
120 g Glasnudeln
120 g gebratenes mageres Schweinehack
120 g ausgelöste rohe Garnelen
5 frische rote Chillies, entkernt und in feine Ringe geschnitten
1 EL frisch gehackter Koriander
3 EL thailändische Fischsauce
3 EL Limettensaft
1 EL brauner Zucker

Wolkenohrpilze und Shiitake-Pilze in je eine Schale geben, mit heißem Wasser übergießen und 30 Minuten quellen lassen. Die Glasnudeln in eine große Schüssel geben, mit heißem Wasser bedecken und 10 Minuten oder nach Packungsanweisung einweichen.

Die Pilze abgießen und abtropfen lassen. Die Wolkenohrpilze in Stücke schneiden, bei den Shiitake-Pilze die Stiele entfernen und die Kappen halbieren.

Den Boden eines Topfes mit Wasser bedecken und das Wasser zum Kochen bringen. Hackfleisch, Garnelen und Pilze hineingeben und unter Rühren 3 Minuten köcheln lassen, bis die Garnelen gar sind. Abgießen und kurz abtropfen lassen. Die Glasnudeln ebenfalls abgießen und abtropfen lassen, dann mit einer Küchenschere in kurze Stücke schneiden.

Chillies, Koriander, Fischsauce, Limettensaft und Zucker in einer Salatschüssel verrühren, bis sich der Zucker aufgelöst hat. Glasnudeln und Garnelen-Hackfleisch-Mischung zugeben und gut vermengen. Sofort servieren.

Süßkartoffel-Bohnen-Salat

Für 4 Personen

Zutaten

1 Süßkartoffel, in Würfel geschnitten
4 Babykarotten, längs halbiert
4 Tomaten
4 Selleriestangen, in feine Scheiben geschnitten
220 g Borlotti-Bohnen aus der Dose, abgespült und abgetropft
120 g gemischte Salatblätter, z.B. Frisée, Rucola, Radicchio und Eichblattsalat
1 EL Rosinen
4 Frühlingszwiebeln, diagonal in Ringe geschnitten

Dressing

2 EL Zitronensaft
1 Knoblauchzehe, zerdrückt
150 g Naturjoghurt
2 EL Olivenöl
Salz und Pfeffer

Wasser in einem Topf zum Kochen bringen und die Süßkartoffelwürfel bei mittlerer Hitze 10 Minuten garen. Mit einem Schaumlöffel herausnehmen und abtropfen lassen. In eine Schüssel geben.

Die Karotten in den Topf geben und 2–3 Minuten garen. Abgießen, abtropfen lassen und zu den Süßkartoffelwürfeln geben. Die Tomaten halbieren, entkernen und das Fruchtfleisch würfeln. Mit Sellerie und Bohnen zu den Süßkartoffeln geben und gut vermengen.

Die Salatblätter in eine Salatschüssel geben und den Süßkartoffelsalat darauf anrichten. Mit Rosinen und Frühlingszwiebeln bestreuen.

Die Dressing-Zutaten in ein Schraubglas geben und kräftig schütteln. Über den Salat gießen und servieren.

Couscous-Salat mit Feta & Himbeeren

Für 6 Personen

Zutaten

350 g Couscous
600 ml kochende Hühner- oder Gemüsebrühe
350 g Himbeeren
½ Bund Basilikum
200 g Feta, zerkrümelt oder gewürfelt
2 Zucchini, in feine Scheiben geschnitten
4 Frühlingszwiebeln, diagonal in Ringe geschnitten
50 g geröstete Pinienkerne
abgeriebene Schale von 1 Zitrone

Dressing

1 EL Weißweinessig
1 EL Balsamico-Essig
4 EL natives Olivenöl extra
Saft von 1 Zitrone
Salz und Pfeffer

Den Couscous in eine große hitzebeständige Schüssel geben, mit der Brühe übergießen und vermengen. Die Schüssel abdecken und so lange quellen lassen, bis die Brühe vollständig aufgesogen ist.

Die Himbeeren verlesen und überreife Früchte aussortieren. Das Basilikum hacken.

Den Couscous in eine große Servierschüssel umfüllen und mit einer Gabel auflockern. Feta, Zucchini, Frühlingszwiebeln, Himbeeren, Pinienkerne, Basilikum und Zitronenschale zugeben und vermengen.

Die Dressing-Zutaten in ein Schraubglas geben und kräftig schütteln. Über den Salat gießen und sofort servieren.

Bunter Nudelsalat mit Blauschimmelkäse

Für 4 Personen

Zutaten

250 g Trulli, oder andere kurze Nudeln
1 Radicchio, zerpflückt
1 Lollo Rosso, zerpflückt
2 Birnen, in feine Spalten geschnitten
1 EL Zitronensaft
250 g Blauschimmelkäse, z.B. Gorgonzola, gewürfelt
50 g gehackte Walnusskerne
4 Tomaten, in Spalten geschnitten
1 rote Zwiebel, in dünne Ringe geschnitten
1 Karotte, grob geraspelt
50 g Gemüsemais aus der Dose, abgetropft

Zum Garnieren

8 Basilikumblätter
50 g Feldsalat

Dressing

4 EL Olivenöl
2 EL Zitronensaft
Salz und Pfeffer

Salzwasser in einem großen Topf zum Kochen bringen und die Nudeln darin 8–10 Minuten bissfest garen. Abgießen, mit kaltem Wasser abschrecken und abtropfen lassen.

Die zerpflückten Salatblätter in eine Salatschüssel geben. Die Birnen in eine andere Schüssel geben und mit dem Zitronensaft beträufeln. Käse, Walnüsse, Pasta, Tomaten, Zwiebel, Karotte und Mais zugeben und vermengen. Die Mischung auf die Salatblätter geben.

Für das Dressing Öl und Zitronensaft verrühren und mit Salz und Pfeffer abschmecken. Über den Salat gießen und vorsichtig vermengen. Mit den Basilikumblättern und dem Feldsalat garnieren und servieren.

Bunter Salat mit Knoblauchdressing

Für 4 Personen

Zutaten

80 g Gurke, in Stifte geschnitten
6 Frühlingszwiebeln, nur der weiße Teil, längs halbiert
2 Tomaten, entkernt und in 8 Spalten geschnitten
1 orangefarbene Paprika, in feine Streifen geschnitten
2 Selleriestangen, in Stifte geschnitten
4 Radieschen, geviertelt
80 g Rucola
1 EL frisch gehackte Minze (nach Belieben), zum Garnieren

Dressing

2 EL Zitronensaft
1 Knoblauchzehe, zerdrückt
150 g Naturjoghurt
2 EL Olivenöl
Salz und Pfeffer

Gurke, Frühlingszwiebeln, Tomaten, Paprika, Sellerie, Radieschen und Rucola in einer Salatschüssel vermengen.

Für das Dressing alle Zutaten in eine Schüssel geben und verrühren.

Das Dressing über den Salat gießen und gut vermengen. Nach Belieben mit der Minze garnieren und servieren.

Warmer Pastasalat

Für 4 Personen

Zutaten
250 g Farfalle, oder andere kurze Nudeln
6 getrocknete Tomaten in Olivenöl, abgetropft und gehackt
4 Frühlingszwiebeln, gehackt
50 g Rucola
½ Gurke, entkernt und in Würfel geschnitten
Salz und Pfeffer

Dressing
4 EL Olivenöl
1 EL Weißweinessig
½ TL Zucker
1 TL Dijon-Senf
4 Basilikumblätter, klein gehackt
Salz und Pfeffer

Salzwasser in einem großen Topf zum Kochen bringen und die Nudeln darin 8–10 Minuten bissfest garen. Die Nudeln abgießen, abtropfen lassen und in eine Salatschüssel füllen.

Für das Dressing alle Zutaten in eine Schüssel geben und gut verrühren. Über die Nudeln gießen und gut vermengen.

Getrocknete Tomaten, Frühlingszwiebeln, Rucola und Gurke unterheben und mit Salz und Pfeffer abschmecken. Warm servieren.

Italienischer Salat

Für 4 Personen

Zutaten
250 g Orecchiete, oder andere kurze Nudeln
50 g Pinienkerne
350 g Kirschtomaten, halbiert
1 rote Paprika, in Streifen geschnitten
1 rote Zwiebel, gehackt
200 g Büffelmozzarella, gewürfelt
12 schwarze entsteinte Oliven
25 g Basilikumblätter
frische Parmesanhobel, zum Garnieren
frisches Weißbrot, zum Servieren

Dressing
5 EL natives Olivenöl extra
2 EL Balsamico-Essig
1 EL frisch gehacktes Basilikum
Salz und Pfeffer

Salzwasser in einem großen Topf zum Kochen bringen und die Nudeln darin 8–10 Minuten bissfest garen. Abgießen und unter fließend kaltem Wasser abschrecken. Gut abtropfen und abkühlen lassen.

Die Pinienkerne in einer beschichteten Pfanne kurz anrösten, bis sie goldbraun sind. In eine Schale füllen und auskühlen lassen.

Die Zutaten für das Dressing in eine Schüssel geben und gut verrühren.

Alle Salatzutaten in eine Schüssel füllen. Das Dressing darübergießen und gut vermengen. Den Salat auf 4 Teller verteilen und mit Parmesanhobeln garnieren. Mit frischem Weißbrot servieren.

Kartoffelsalat

Für 4 Personen

Zutaten

700 g neue Kartoffeln
250 ml Mayonnaise
1 TL Paprikapulver, plus etwas mehr zum Garnieren
Salz und Pfeffer
8 Frühlingszwiebeln, diagonal in Ringe geschnitten
2 EL Schnittlauchröllchen, zum Garnieren

Salzwasser in einem großen Topf zum Kochen bringen und die Kartoffeln darin 15–20 Minuten garen. Abgießen, unter fließend kaltem Wasser abschrecken und abtropfen lassen. In eine große Schüssel füllen und abkühlen lassen.

Mayonnaise, Paprikapulver, Salz und Pfeffer in eine Schüssel geben und verrühren. Zusammen mit den Frühlingszwiebeln zu den Kartoffeln geben und vermengen.

Mit Paprikapulver und Schnittlauch garnieren und noch warm servieren.

Gebackener Caprese-Salat

Für 4 Personen

Zutaten

2 Fleischtomaten, in dünne Scheiben geschnitten
125 g Mozzarella, in dünne Scheiben geschnitten
12 entsteinte schwarze Oliven, in Scheiben geschnitten
8 Basilikumblätter, plus ein paar Blätter mehr zum Garnieren
1 EL natives Olivenöl extra
1 EL Balsamico-Essig
Salz und Pfeffer

Den Backofengrill vorheizen. Tomaten-, Mozzarella-, Olivenscheiben und Basilikumblätter abwechselnd aufeinander zu 4 kleinen Türmchen schichten. Mit einer Scheibe Mozzarella abschließen.

Die Türmchen vorsichtig auf ein Backblech heben und im Ofen 3 Minuten grillen, bis der Käse zu schmelzen beginnt.

Mit Olivenöl und Balsamico beträufeln, salzen und pfeffern. Auf 4 Tellern anrichten und mit Basilikum garnieren. Sofort servieren.

Herzhafte

Fleisch- & Geflügelsalate

Waldorfsalat mit Hühnchen

Für 4 Personen

Zutaten
500 g rote Äpfel, gewürfelt
3 EL Zitronensaft
150 ml Mayonnaise
1 Selleriestange, in Scheiben geschnitten
4 Schalotten, gehackt
1 Knoblauchzehe, zerdrückt
100 g Walnüsse, gehackt, plus etwas mehr zum Garnieren
500 g gegartes Hähnchenbrustfilet, gewürfelt
Salz und Pfeffer
1 kleiner Eisbergsalat, zerpflückt

Die Äpfelstücke in eine Schüssel geben und mit Zitronensaft und 1 Esslöffel Mayonnaise vermengen. Die Schüssel abdecken und 15 Minuten im Kühlschrank ziehen lassen.

Sellerie, Schalotten, Knoblauch, Walnüsse und restliche Mayonnaise zu den Äpfelstücken geben und gut vermengen. Das gewürfelte Hähnchenbrustfilet unterheben und mit Salz und Pfeffer abschmecken.

Die Salatblätter auf 4 Salatschalen verteilen und den Waldorfsalat darauf anrichten. Mit den Walnüssen garnieren und servieren.

Chefsalat

Für 6 Personen

Zutaten

1 Eisbergsalat, in dicke Streifen geschnitten
175 g gekochter Schinken, in Streifen geschnitten
175 g gekochte Zunge, in Streifen geschnitten
300 g gegartes Hähnchenbrustfilet, in feine Scheiben geschnitten
175 g Gruyère oder Emmentaler, in Würfel geschnitten
4 Tomaten, in Spalten geschnitten
3 hart gekochte Eier, geviertelt
Baguette, zum Servieren

Thousand-Island-Dressing

1½ EL Zitronensaft
Salz und Pfeffer
3 Eigelb
375 ml Maiskeimöl
1 rote Paprikaschote
1 TL Paprikapulver edelsüß
1½ Msp. Chilipulver
6 EL Tomatenketchup

Für das Dressing Zitronensaft, Salz und Pfeffer mit dem Eigelb cremig rühren. Das Öl langsam unter Rühren zugießen, dabei ständig rühren, sodass eine glatte Creme entsteht. Die Paprika in kleine Würfel schneiden und dazugeben. Chilipulver und den Ketchup zufügen, alles gut verrühren und nach Belieben pürieren.

Den Eisbergsalat auf einer Servierplatte anrichten. Schinken, Zungenstreifen und Hähnchenbrustscheiben darauf verteilen.

Käse, Tomaten und Eier auf dem Salat an richten. Den Salat mit dem Thousand-Island-Dressing und dem Baguette servieren.

Spargelsalat mit Schinkenmelonen

Für 4 Personen

Zutaten

250 g grüner Spargel, holzige Enden entfernt und die Stangen auf eine Länge gekürzt
50 g Parmaschinken, in dünne Scheiben geschnitten
1 kleine Galia- oder Cantaloupe-Melone, geschält und in dünne Spalten geschnitten
150 g gemischte Salatblätter, z.B. Radicchio, Rucola und Friséesalat
Salz und Pfeffer
80 g Himbeeren
2 EL frisch gehobelter Parmesan

Dressing

1 EL Balsamico-Essig
2 EL Himbeeressig
2 EL Orangensaft
1 Prise Salz

Salzwasser in einem Topf zum Kochen bringen. Den Spargel darin bei mittlerer Hitze 10 Minuten bissfest garen. Abgießen und unter fließend kaltem Wasser abschrecken. Abtropfen lassen und beiseitestellen.

Die Schinkenscheiben längs halbieren und um die Melonenspalten wickeln.

Auf einer großen Servierplatte den Spargel und daneben die Salatblätter anrichten und mit etwas Salz und Pfeffer würzen. Die Melonenspalten daraufsetzen.

Die Himbeeren um die Melonenspalten herum verteilen und alles mit Parmesan bestreuen. Die Zutaten für das Dressing in ein Schraubglas füllen und kräftig schütteln. Über den Salat gießen und sofort servieren.

Warmer Salade niçoise mit Filetstreifen

Für 4 Personen

Zutaten
4 Filetsteaks vom Rind (à 120 g)
2 EL Rotweinessig
2 EL Orangensaft
2 TL scharfer Senf
175 g neue Kartoffeln
120 g grüne Bohnen, geputzt
175 g gemischte Salatblätter, z. B. Rucola und Radicchio
1 gelbe Paprika, gehäutet und in Stücke geschnitten
175 g Kirschtomaten, halbiert
entsteinte schwarze Oliven, zum Garnieren
4 TL natives Olivenöl extra

Die Steaks in eine flache Form legen. Jeweils 1 Esslöffel Essig, Orangensaft und Senf in einer Schüssel verrühren und über die Steaks gießen. Abdecken und 30 Minuten im Kühlschrank marinieren. Die Steaks zwischendurch wenden. Inzwischen die Kartoffeln in kochendem Salzwasser 15–20 Minuten garen. Abgießen, abtropfen lassen und beiseitestellen.

In einem weiteren Topf etwas Wasser zum Kochen bringen und die Bohnen darin 10 Minuten bissfest garen. Abgießen, unter fließend kaltem Wasser abschrecken und abtropfen lassen.

Die Salatblätter auf eine Servierplatte geben. Kartoffeln, Bohnen, Paprika, Kirschtomaten und Oliven darauf anrichten. Restlichen Orangensaft und Senf mit der Hälfte des Olivenöls zu einem Dressing verrühren.

Die Steaks aus der Marinade nehmen. Das restliche Öl in einer Pfanne erhitzen und die Steaks darin von jeder Seite scharf anbraten. Herausnehmen und in breite Streifen schneiden. Die Steakstreifen auf dem Salat anrichten, das Dressing darübergießen und sofort servieren.

Cajun-Hühnchensalat

Für 4 Personen

Zutaten

4 Hähnchenbrustfilets (à 140 g)
4 TL Cajun-Gewürzmischung
2 TL Sonnenblumenöl
1 Mango, in dicke Scheiben geschnitten
200 g gemischte Salatblätter, z.B. Frisée- und Feldsalat
1 Zwiebel, in Ringe geschnitten
175 g gekochte Rote Bete, gewürfelt
80 g Radieschen, in Scheiben geschnitten
50 g Walnusskerne
2 EL Sesamsaat, zum Garnieren

Dressing

4 EL Walnussöl
1–2 TL Dijon-Senf
1 EL Zitronensaft
Salz und Pfeffer

Jedes Hähnchenbrustfilet 3-mal diagonal einschneiden. In eine flache Form legen und auf beiden Seiten mit der Gewürzmischung bestreuen. Abdecken und 30 Minuten im Kühlschrank marinieren.

Das Sonnenblumenöl in einer Pfanne erhitzen. Die Hähnchenbrustfilets von jeder Seite etwa 8 Minuten braten, bis sie durchgegart sind. Aus der Pfanne nehmen und beiseitestellen.

Die Mangoscheiben in die Pfanne geben und von jeder Seite 2 Minuten anbraten. Herausnehmen und beiseitestellen.

Die Salatblätter mit Zwiebel, Roter Bete, Radieschen und Walnüssen in einer Schüssel mischen.

Die Zutaten für das Dressing in ein Schraubglas füllen und kräftig schütteln. Über den Salat gießen und gut vermengen.

Den Salat auf eine Servierplatte geben und die Mangoscheiben und Hähnchenbrustfilets darauf anrichten. Mit Sesam bestreut servieren.

Roastbeef-Salat

Für 4 Personen

Zutaten

750 g Roastbeef oder Rinderfilet
Salz und Pfeffer
2 TL Worcestersauce
3 EL Olivenöl
400 g grüne Bohnen
100 g Pipe Rigate, oder andere kurze Nudeln
2 rote Zwiebeln, in dünne Ringe geschnitten
1 Radicchio, in Streifen geschnitten
50 g grüne Oliven, entsteint
50 g geschälte ganze Haselnüsse

Dressing

1 TL Dijon-Senf
2 EL Weißweinessig
5 EL Olivenöl
Salz und Pfeffer

Den Backofen auf 220 °C vorheizen. Das Fleisch mit wenig Salz, Pfeffer und Worcestersauce einreiben. Die Hälfte des Öls in einem Bräter erhitzen und das Fleisch von allen Seiten kurz anbraten. In den Ofen schieben und 30 Minuten braten. Das Fleisch aus der Form nehmen und abkühlen lassen.

In einem großen Topf Salzwasser zum Kochen bringen und die Bohnen darin 10 Minuten bissfest garen. Herausnehmen und unter fließend kaltem Wasser abschrecken. Abtropfen lassen und in eine große Schüssel geben.

Das Wasser erneut zum Kochen bringen und die Pasta darin bissfest garen. Abgießen und abtropfen lassen. Das restliche Öl in den Topf geben und die Nudeln darin schwenken.

Nudeln, Zwiebeln, Radicchio, Oliven und Haselnüsse mit den Bohnen vermengen und auf eine Servierplatte geben. Die Zutaten für das Dressing verrühren und über den Salat gießen.

Das Fleisch in dünne Scheiben schneiden und auf dem Salat anrichten. Sofort servieren.

Salat mit Birnen & Knusperspeck

Für 4 Personen

Zutaten

2 Williamsbirnen, in feine Spalten geschnitten
1 EL Zitronensaft
4 Scheiben magerer Frühstücksspeck
75 g Walnusshälften
175 g Brunnenkresse, geputzt

Dressing

3 EL natives Olivenöl extra
2 EL Zitronensaft
½ TL Honig
Salz und Pfeffer

Die Birnenspalten mit dem Zitronensaft beträufeln und beiseitestellen.

Den Backofengrill vorheizen. Die Speckscheiben auf ein mit Alufolie ausgelegtes Backblech legen und von beiden Seiten knusprig braun grillen. Abkühlen lassen und in 1 cm breite Streifen schneiden.

Eine beschichtete Pfanne erhitzen und die Walnüsse darin kurz rösten, bis sie goldbraun sind. Abkühlen lassen.

Brunnenkresse, Walnüsse, Birnen und Speck in eine Salatschüssel geben.

Alle Zutaten für das Dressing in einer Schüssel verrühren und über den Salat gießen. Gut vermengen und sofort servieren.

Warmer Hühnerlebersalat

Für 4 Personen

Zutaten
gemischte Salatblätter,
z.B. Frisée und Kopfsalat
1 EL Olivenöl
1 kleine Zwiebel, fein gehackt
500 g Hühnerleber
1 TL frisch gehackter Estragon
1 TL körniger Senf
2 EL Balsamico-Essig
Salz und Pfeffer

Die Salatblätter auf einer Servierplatte anrichten.

Das Öl in einer Pfanne erhitzen und die Zwiebel weich dünsten. Hühnerlebern, Estragon und Senf zugeben und 5 Minuten unter Rühren anbraten, bis die Lebern durchgegart sind. Auf den Salatblättern anrichten.

Den Bratensatz mit dem Essig ablöschen. Unter Rühren erhitzen, bis sich der Bratensatz vollständig gelöst hat. Mit Salz und Pfeffer abschmecken und über den Salat gießen. Warm servieren.

Antipasti-Salat

Für 4 Personen

Zutaten
4 kleine Tomaten, geviertelt
25 g entsteinte schwarze Oliven, halbiert
275 g Artischockenherzen in Öl
25 g getrocknete Tomaten in Öl
40 g Parmaschinken
eine Handvoll Basilikum, fein gehackt, plus ein paar Blätter zum Garnieren
frisches Baguette, zum Servieren

Dressing
3 EL Olivenöl
1 EL Weißweinessig
1 Knoblauchzehe, zerdrückt
½ TL milder Senf
1 TL Honig
Salz und Pfeffer

Tomatenviertel und Oliven in eine große Schüssel geben. Artischockenherzen und getrocknete Tomaten abtropfen lassen. Die Artischockenherzen vierteln. Getrocknete Tomaten und Parmaschinken in feine Streifen schneiden. Alles ebenfalls in die Schüssel geben. Basilikum zugeben und gut vermengen.

Die Zutaten für das Dressing in ein Schraubglas füllen und kräftig schütteln. Über den Salat gießen und gut vermengen. Den Salat mit Basilikumblättern garnieren und sofort mit frischem Baguette servieren.

Bohnensalat mit Chorizo

Für 2 Personen

Zutaten

1 EL Sonnenblumenöl
1 kleine Zwiebel, in dünne Ringe geschnitten
250 g Riesenbohnen aus der Dose, abgespült und abgetropft
1 TL Balsamico-Essig
2 Chorizo-Würstchen, diagonal in Scheiben geschnitten
1 kleine Tomate, gewürfelt
2 EL Harissa (nordafrikanische Gewürzpaste)
1 Handvoll Rucola
40 g gemischte Kräuter, z.B. Petersilie und Dill

Das Öl in einer Pfanne erhitzen und die Zwiebel darin weich dünsten. Die Bohnen zugeben und 1 Minute mitgaren. Den Essig unterrühren, vom Herd nehmen und warm halten.

Eine zweite Pfanne erhitzen und die Chorizo-Scheiben unter gelegentlichem Rühren kurz anbräunen. Herausnehmen und beiseitestellen.

Tomatenwürfel und Harissa in einer Schale vermengen. Rucola und Salatkräuter auf 2 Servierteller verteilen. Bohnen und Chorizo darauf anrichten. Die Tomaten-Harissa-Mischung darübergeben und sofort servieren.

Reissalat mit Putenbruststreifen

Für 4 Personen

Zutaten

1 l Hühnerbrühe

175 g Langkorn- und Wildreis gemischt

2 EL Sonnenblumen- oder Maiskeimöl

250 g Putenbrustfilets, in feine Streifen geschnitten

250 g Zuckererbsen

120 g Austernpilze, in Stücke geschnitten

50 g Pistazienkerne, gehackt

2 EL frisch gehackter Koriander

1 EL frisch gehackter chinesischer Schnittlauch, plus etwas mehr zum Garnieren

1 EL Balsamico-Essig

Salz und Pfeffer

Von der Hühnerbrühe 4 Esslöffel zurückbehalten, den Rest in einem großen Topf zum Kochen bringen. Den Reis zugeben und 20–30 Minuten gar kochen. Abgießen, abtropfen und abkühlen lassen.

Währenddessen 1 Esslöffel Öl in einem Wok oder einer großen Pfanne mit Deckel erhitzen. Die Putenstreifen darin 4–5 Minuten braten, bis sie durchgegart sind. Mit einem Schaumlöffel herausnehmen und in eine Servierschüssel geben. Zuckererbsen und Pilze in den Wok geben und kurz anbraten. Die zurückbehaltene Brühe zugießen und zum Kochen bringen. Die Hitze reduzieren, den Wok bedecken und 3–4 Minuten garen. Das Gemüse zu den Putenstreifen geben.

Reis, Pistazien, Koriander, Schnittlauch, restliches Öl und Essig in die Schüssel füllen und vermengen. Mit Salz und Pfeffer abschmecken, mit Schnittlauch garnieren und servieren.

Salat mit geräuchertem Hähnchenfleisch

Für 4 Personen

Zutaten

120 g getrocknete Cranberrys
2 EL Apfelsaft oder Wasser
1 geräuchertes oder gebratenes Hähnchen (1,3 kg)
200 g Erbsen
2 Avocados, in dicke Streifen geschnitten
Saft von ½ Zitrone
2 Romanasalat-Herzen, in einzelne Blätter getrennt
1 Bund Brunnenkresse
50 g Rucola

Dressing

2 EL Olivenöl
1 EL Walnussöl
2 EL Zitronensaft
1 EL frisch gehackte gemischte Kräuter, z. B. Petersilie und Schnittlauch
Salz und Pfeffer

Die Cranberrys mit dem Apfelsaft in eine Schüssel geben und verrühren. Abdecken und 30 Minuten quellen lassen.

Das Hähnchenbrustfleisch vorsichtig von der Karkasse lösen und in dicke Scheiben schneiden. Die Keulen in Unter- und Oberschenkel zerlegen. Die Flügel abtrennen. Beiseitelegen.

Einen Topf mit Salzwasser zum Kochen bringen und die Erbsen darin 6–8 Minuten bissfest garen. Abgießen, unter fließend kaltem Wasser abschrecken und abtropfen lassen.

Die Avocadostreifen mit dem Zitronensaft beträufeln und beiseitelegen.

Die Salatblätter auf einer Servierplatte verteilen und Avocadoscheiben, Erbsen, Brunnenkresse und Hähnchenfleisch darauf anrichten.

Die Zutaten für das Dressing in ein Schraubglas füllen, kräftig schütteln und über den Salat gießen. Die Cranberrys darüberstreuen und sofort servieren.

Melonen-Artischocken-Salat mit Chorizo

Für 8 Personen

Zutaten

12 Babyartischocken, Stiele und äußere Blätter entfernt und die Blattspitzen abgeschnitten
Saft von einer ½ Zitrone
2 EL Olivenöl
200 g Chorizo-Würstchen, gehäutet und in Stücke geschnitten
1 kleine Cantaloupe- oder Netzmelone
frischer Estragon oder glatte Petersilie, zum Garnieren

Dressing

3 EL natives Olivenöl extra
1 EL Rotweinessig
1 TL Senf
1 EL frisch gehackter Estragon oder glatte Petersilie
Salz und Pfeffer

Die Artischocken vierteln und mit dem Zitronensaft beträufeln. Das Olivenöl in einer Pfanne erhitzen und die Artischocken darin unter häufigem Wenden 5 Minuten andünsten. Die Chorizo zugeben und 1 Minute mit anbraten. In eine Salatschüssel geben und auskühlen lassen.

Die Melone vierteln, entkernen und schälen. Das Fruchtfleisch in mundgerechte Stücke schneiden und mit in die Schüssel geben.

Für das Dressing alle Zutaten in einer Schüssel verrühren und über den Salat gießen. Den Salat vorsichtig vermengen und mit Estragon garnieren. Sofort servieren.

Hähnchen-Kartoffel-Salat

Für 4 Personen

Zutaten

750 g neue Kartoffeln, abgebürstet
2 kleine Zucchini, in Scheiben geschnitten
1 rote Paprika, in Streifen geschnitten
1 grüne Paprika, in Streifen geschnitten
1 kleine Zwiebel, in dünne Ringe geschnitten
3 Tomaten, in Scheiben geschnitten
350 g gegartes Hühnchenfleisch, in Scheiben geschnitten
frisch gehackter Schnittlauch, zum Garnieren

Dressing

150 g Naturjoghurt
3 EL Mayonnaise
1 EL frisch gehackter Schnittlauch

Die Kartoffeln in einen großen Topf mit Salzwasser geben und zum Kochen bringen. Den Topf abdecken und etwa 15–20 Minuten gar kochen. Abgießen, abtropfen und abkühlen lassen.

Salzwasser in einem kleinen Topf zum Kochen bringen und die Zucchinischeiben darin 3 Minuten bissfest garen. Abgießen, unter fließend kaltem Wasser abschrecken und abtropfen lassen. Beiseitestellen.

Für das Dressing alle Zutaten in einer Schüssel verrühren.

Die Kartoffeln in Scheiben schneiden, vorsichtig mit dem Dressing vermengen und auf 4 Teller verteilen.

Erst Paprikastreifen und Zucchinischeiben darauf anrichten, dann Zwiebelringe und Tomatenscheiben. Zum Schluss das Hähnchenfleisch darauf verteilen und mit Schnittlauch garnieren. Sofort servieren.

Pastasalat mit Roastbeef

Für 4 Personen

Zutaten

500 g Rump- oder Filetsteak am Stück
Salz und Pfeffer
4 EL Olivenöl
500 g Spiralnudeln
2 EL Limettensaft
2 EL thailändische Fischsauce
2 TL Honig
4 Frühlingszwiebeln, diagonal in Ringe geschnitten
1 Gurke, in 2,5 cm große Würfel geschnitten
3 Tomaten, in Spalten geschnitten
1 EL frisch gehackte Minze

Das Rindfleisch mit Salz und Pfeffer würzen. 1 Esslöffel Öl in einer Pfanne erhitzen und das Fleisch darin 4 Minuten von jeder Seite anbraten. Das Fleisch 5 Minuten ruhen lassen, dann gegen die Faser in feine Scheiben schneiden.

In einem Topf Salzwasser zum Kochen bringen und die Nudeln darin 8–10 Minuten bissfest kochen. Abgießen, unter fließend kaltem Wasser abschrecken und abtropfen lassen. Das restliche Öl in den Topf geben und die Nudeln darin schwenken. Beiseitestellen.

Limettensaft, Fischsauce und Honig in einem Topf verrühren und 2 Minuten einkochen lassen.

Frühlingszwiebeln, Gurke, Tomaten, Minze und Fleischscheiben in den Topf geben und gut vermengen. Mit Salz und Pfeffer abschmecken.

Die Nudeln auf eine Servierplatte geben und die Rindfleisch-Mischung darauf verteilen. Lauwarm oder kalt servieren.

Salat mit Entenbrust

Für 4 Personen

Zutaten

2 Entenbrüste
1 Kopfsalat, zerpflückt
120 g Bohnensprossen
1 gelbe Paprika, in feine Streifen geschnitten
½ Gurke, entkernt und in Stifte geschnitten
2 TL geriebene Limettenschale
2 EL geröstete Kokosraspel

Dressing

Saft von 2 Limetten
3 EL Fischsauce
1 EL brauner Zucker
2 TL süße Chilisauce
2,5-cm-Stück Ingwerwurzel, fein gerieben
3 EL frisch gehackte Minze
3 EL frisch gehacktes Basilikum

Den Backofen auf 200 °C vorheizen. Die Entenbrüste auf den Grillrost legen und die Fettpfanne des Backofens darunterschieben. 20–30 Minuten braten, bis die Haut ganz kross ist. Aus dem Ofen nehmen und abkühlen lassen.

Salatblätter, Bohnensprossen, Paprika und Gurke in einer großen Salatschüssel vermengen. Die Entenbrüste in Scheiben schneiden und zum Salat geben.

Für das Dressing alle Zutaten in einer Schüssel verrühren und über den Salat gießen. Gut vermengen.

Den Salat mit der Limettenschale und den Kokosraspeln bestreuen und servieren.

Spinatsalat mit sautierten Pilzen und Pancetta

Für 4 Personen

Zutaten
275 g kleine Spinatblätter, abgetropft
2 EL Olivenöl
150 g Pancetta
300 g gemischte Pilze, z.B. Champignons und Austernpilze, in Scheiben geschnitten

Dressing
5 EL Olivenöl
1 EL Balsamico-Essig
1 TL Dijon-Senf
1 Prise Zucker
Salz und Pfeffer

Für das Dressing alle Zutaten in einer Schüssel verrühren. Den Spinat in eine große Salatschüssel geben.

Das Öl in einer Pfanne erhitzen und die Pancetta darin 3 Minuten anbraten. Die Pilze zufügen und 4–5 Minuten andünsten.

Das Dressing zugießen und den gesamten Pfanneninhalt über den Spinat geben. Gut vermengen und sofort servieren.

Spinatsalat mit knusprigem Speck

Für 4 Personen

Zutaten

4 EL Olivenöl
4 Scheiben Frühstücksspeck, in Streifen geschnitten
1 dicke Scheibe Weißbrot, Rinde entfernt, gewürfelt
500 g Blattspinat, geputzt

Die Hälfte des Olivenöls in einer Pfanne erhitzen. Die Speckstreifen hineingeben und 3–4 Minuten knusprig braten. Mit einem Schaumlöffel herausnehmen und auf Küchenpapier abtropfen lassen.

Nun die Brotwürfel in die Pfanne geben und 4 Minuten anbräunen. Mit einem Schaumlöffel aus der Pfanne nehmen und auf Küchenpapier abtropfen lassen.

Das restliche Öl in der Pfanne erhitzen. Den Spinat zugeben und etwa 3 Minuten unter Rühren anbraten, bis er zusammenfällt. In eine Salatschüssel füllen und mit Speckstreifen und Croûtons bestreuen. Sofort servieren.

Thailändischer Hühnchensalat

Für 4 Personen

Zutaten

400 g neue Kartoffeln, abgebürstet und der Länge nach halbiert
200 g Babymaiskolben
150 g Bohnensprossen
3 Frühlingszwiebeln, in Ringe geschnitten
2 gegarte Hähnchenbrustfilets, in Scheiben geschnitten
1 EL gehacktes Zitronengras
2 EL frisch gehackter Koriander, plus einige Blätter zum Garnieren
Salz und Pfeffer
Limettenspalten, zum Garnieren

Dressing

6 EL Chili- oder Sesamöl
2 EL Limettensaft
1 EL helle Sojasauce
1 EL frisch gehackter Koriander
1 frische rote Chili, entkernt und in dünne Ringe geschnitten

Die Kartoffeln in einen Topf mit Salzwasser geben, zum Kochen bringen und in etwa 15 Minuten garen. Die Maiskölbchen in einen weiteren Topf mit kochendem Salzwasser geben und in etwa 5 Minuten bissfest garen. Kartoffeln und Mais abgießen, abtropfen und auskühlen lassen.

Kartoffeln und Mais in eine Salatschüssel geben und mit Bohnensprossen, Frühlingszwiebeln, Hähnchenfleisch, Zitronengras und Koriander vermengen. Mit Salz und Pfeffer würzen.

Für das Dressing alle Zutaten in ein Schraubglas füllen und kräftig schütteln. Über den Salat gießen, gut vermengen und mit Limettenspalten und Korianderblättern garnieren. Sofort servieren.

Chinakohl mit Entenbrust

Für 4 Personen

Zutaten
350 g kleine Entenbrustfilets
2 EL Mehl
Salz und Pfeffer
1 Ei
2 EL Wasser
2 EL Sesamsaat
3 EL Sesamöl
½ Chinakohl, in Streifen geschnitten
3 Selleriestangen, diagonal in feine Scheiben geschnitten
8 Radieschen, geputzt und halbiert
frische Basilikumblätter, zum Garnieren

Dressing
abgeriebene Schale von 1 Limette
2 EL Limettensaft
2 EL Olivenöl
1 EL helle Sojasauce
1 EL frisch gehacktes Basilikum
Salz und Pfeffer

Die Filets vorsichtig mit einem Fleischklopfer oder einem Teigroller leicht plattieren.

Das Mehl auf einen flachen Teller streuen und mit etwas Salz und Pfeffer mischen. Ei und Wasser in einem tiefen Teller verquirlen. Die Sesamsaat in einen dritten Teller streuen.

Die Entenbrustfilets erst im Mehl, dann in der Eiermischung und zuletzt im Sesam wenden. Das Sesamöl in einer großen Pfanne erhitzen.

Die Filets etwa 4 Minuten von jeder Seite ausbacken. (Um zu prüfen, ob das Fleisch gar ist, dieses an der dicksten Stelle mit einem Messer einschneiden. Der austretende Saft sollte klar sein.) Herausnehmen und auf Küchenpapier abtropfen lassen.

Für das Dressing alle Zutaten in einer Schüssel verrühren.

Chinakohl, Sellerie und Radieschen auf 4 Schalen verteilen. Die Filets in Scheiben schneiden und anrichten. Mit dem Dressing beträufeln und mit dem Basilikum garnieren. Sofort servieren.

Hühnchensalat mit Nüssen & Käse

Für 4 Personen

Zutaten

150 g Rucola
2 Selleriestangen, in Scheiben geschnitten
½ Gurke, in dünne Scheiben geschnitten
2 Frühlingszwiebeln, in Ringe geschnitten
2 EL frisch gehackte Petersilie
25 g Walnusskerne
350 g gegartes Hähnchenbrustfilet, in Scheiben geschnitten
125 g Blauschimmelkäse, z.B. Gorgonzola, zerkrümelt
kernlose rote Trauben, halbiert
Salz und Pfeffer

Dressing

2 EL Olivenöl
1 EL Sherry-Essig
1 TL Dijon-Senf
1 EL frisch gehackte Salatkräuter

Den Rucola waschen, abtropfen lassen und in eine große Salatschüssel geben. Alle übrigen Salatzutaten zugeben, mit Salz und Pfeffer abschmecken und vermengen.

Für das Dressing alle Zutaten in ein Schraubglas füllen und kräftig schütteln. Über den Salat gießen und gut vermengen. Sofort servieren.

Gegrilltes Lamm mit Joghurtdressing

Für 4 Personen

Zutaten
2 EL Sonnenblumenöl, plus etwas mehr zum Grillen
1 EL Tomatenmark
½ EL gemahlener Kreuzkümmel
1 TL Zitronensaft
1 Knoblauchzehe, zerdrückt
1 Prise Cayenne-Pfeffer
Salz und Pfeffer
500 g Lammfilet, pariert

Joghurtdressing
2 EL Zitronensaft
1 TL Honig
75 g Joghurt (10 % Fett)
2 EL frisch gehackte Minze
2 EL frisch gehackte Petersilie
1 EL frisch gehackter Schnittlauch
Salz und Pfeffer

Zum Garnieren
geröstete Sesamsaat
Petersilienzweig

Öl, Tomatenmark, Kreuzkümmel, Zitronensaft, Knoblauch, Cayenne-Pfeffer, Salz und Pfeffer in einer großen Schüssel verrühren. Das Lammfleisch darin wenden, die Schüssel abdecken und mindestens 2 Stunden oder über Nacht im Kühlschrank marinieren.

Für das Dressing Zitronensaft und Honig verrühren, bis sich der Honig aufgelöst hat. Den Joghurt und die Kräuter unterrühren und mit Salz und Pfeffer abschmecken. Abdecken und bis zum Gebrauch kühl stellen.

Den Backofengrill vorheizen. Das Lammfleisch aus dem Kühlschrank nehmen. Den Grillrost leicht mit Öl bestreichen und eine Fettpfanne darunterschieben. Das Fleisch 5–6 Minuten von jeder Seite grillen, bis es innen noch leicht rosa ist. Aus dem Ofen nehmen und abkühlen lassen.

Das Lammfilet in dünne Scheiben schneiden und auf 4 Servierteller verteilen. Mit dem Dressing beträufeln, mit Sesam und Petersilie bestreuen und servieren.

Salat von geräuchertem Hühnchen mit Avocadodressing

Für 4–6 Personen

Zutaten
2 große Fleischtomaten, in Scheiben geschnitten
600 g geräuchertes oder gebratenes Hähnchenbrustfilet, ohne Haut, in Scheiben geschnitten
250 g Brunnenkresse
75 g Bohnensprossen, 20 Minuten in kaltem Wasser eingeweicht und abgetropft
einige Zweige glatte Petersilie oder Koriander, zum Garnieren

Dressing
1 Avocado
2 EL Zitronensaft
1 EL Estragonessig
75 g Joghurt (10 % Fett)
1 Knoblauchzehe, zerdrückt
1 EL frisch gehackter Estragon
Salz und Pfeffer

Für das Dressing alle Zutaten mit dem Pürierstab glatt pürieren. In eine Schüssel füllen und mit Frischhaltefolie abdecken. 2 Stunden im Kühlschrank ziehen lassen.

Die Tomatenscheiben auf die Servierteller verteilen. Darüber das Hähnchenfleisch, dann Brunnenkresse und Bohnensprossen verteilen. Mit Petersilie oder Koriander garnieren.

Das Dressing über den Salat gießen und sofort servieren.

Salat mit kaltem Braten & Kürbis

Für 4–6 Personen

Zutaten

1 kleiner Kürbis (1,5 kg)
2 rote Zwiebeln, in Spalten geschnitten
3–4 EL Olivenöl
100 g grüne Bohnen, halbiert
600 g kalter Schweinebraten, in dünne Scheiben geschnitten
1 Handvoll Rucola
100 g Feta, zerbröselt
2 EL geröstete Pinienkerne
2 EL frisch gehackte Petersilie

Vinaigrette

6 EL natives Olivenöl extra
3 EL Balsamico-Essig
½ TL Zucker
½ TL Dijon-Senf oder körniger Senf
Salz und Pfeffer

Den Backofen auf 200 °C vorheizen. Den Kürbis vierteln, Kerne und Fasern mit einem Löffel herauslösen, in etwa 4 cm breite Spalten schneiden und nach Belieben schälen. Kürbis und Zwiebeln auf einem Backblech verteilen, Olivenöl darüberträufeln und 25–30 Minuten im Ofen backen. Der Kürbis sollte zwar gar, aber nicht zu weich sein. Aus dem Ofen nehmen und vollständig auskühlen lassen. Dann in mundgerechte Stücke schneiden.

Einen kleinen Topf mit Salzwasser zum Kochen bringen und die Bohnen darin 10 Minuten bissfest garen. Abgießen, unter fließend kaltem Wasser abschrecken und abtropfen lassen.

Für die Vinaigrette alle Zutaten in ein Schraubglas füllen und kräftig schütteln.

Kürbis, Zwiebeln, Bohnen, Schweinebraten, Rucola, Feta, Pinienkerne und Petersilie in eine große Schüssel geben und vorsichtig vermengen. Das Dressing über den Salat gießen und nochmals vermengen. Sofort servieren.

Hühnchensalat mit Pestocreme

Für 4–6 Personen

Zutaten

600 g gegartes Hähnchenbrustfilet, in mundgerechte Stücke geschnitten
3 Selleriestangen, in Scheiben geschnitten
2 große eingelegte rote Paprika, abgetropft und in Streifen geschnitten
Salz und Pfeffer
Eisbergsalat, in Streifen geschnitten

Pestocreme

150 g Crème fraîche oder saure Sahne
4–5 EL Pesto aus dem Glas

Für die Pestocreme die Zutaten in einer großen Schüssel verrühren.

Hähnchenfleisch, Sellerie und Paprika in die Schüssel geben und mit der Pestocreme vermengen. Mit Salz und Pfeffer abschmecken. Die Schüssel abdecken und 30 Minuten kühl stellen.

Den Salat 10 Minuten vor dem Servieren aus dem Kühlschrank nehmen und nochmals vermengen. Den Eisbergsalat auf 4–6 Servierteller verteilen, den Hähnchensalat in die Mitte geben und servieren.

Exquisite Fisch- & Meeresfrüchtesalate

Salade niçoise

Für 4 Personen

Zutaten

2 EL Olivenöl
2 Thunfischsteaks (à 2 cm dick)
Salz und Pfeffer
250 g grüne Bohnen, in Stücke geschnitten
125 ml Vinaigrette (s. S. 113)
2 Romana-Salatherzen, in einzelne Blätter getrennt
3 hart gekochte Eier, geviertelt
2 vollreife Tomaten, in Spalten geschnitten
50 g Sardellenfilets in Öl, abgetropft
50 g schwarze Oliven, entsteint

Das Öl in einer Pfanne erhitzen. Die Thunfischsteaks mit Salz und Pfeffer würzen und auf jeder Seite etwa 2–4 Minuten anbraten. Aus der Pfanne nehmen und abkühlen lassen.

Salzwasser in einem Topf zum Kochen bringen und die Bohnen darin 10 Minuten bissfest garen. Abgießen, abtropfen lassen und in eine große Schüssel geben. Die Vinaigrette darübergießen und vermengen. Abkühlen lassen.

Die Salatblätter auf 4 Teller verteilen. Die Bohnen aus der Vinaigrette heben und darauf anrichten. Die Thunfischsteaks in mundgerechte Stücke zerlegen und zusammen mit den Eiervierteln und Tomatenspalten auf den Bohnen verteilen. Sardellenfilets und Oliven darauf anrichten. Die übrige Vinaigrette aus der Schüssel darüberträufeln und servieren.

Linsen-Thunfisch-Salat

Für 4 Personen

Zutaten

2 Tomaten, entkernt und in kleine Stücke geschnitten
1 kleine rote Zwiebel, gehackt
400 g Linsen aus der Dose, abgetropft
180 g Thunfisch aus der Dose, abgetropft
2 EL frisch gehackter Koriander
Salz und Pfeffer

Dressing

3 EL natives Olivenöl extra
1 EL Zitronensaft
1 TL körniger Senf
1 Knoblauchzehe, zerdrückt
½ TL gemahlener Kreuzkümmel
½ TL gemahlener Koriander

Für das Dressing alle Zutaten in einer Schüssel verrühren.

Tomaten, Zwiebel und Linsen in einer großen Schüssel vermengen.

Die Thunfischstücke mit einer Gabel zerdrücken und zusammen mit dem Koriander unter die Linsenmischung heben.

Das Dressing über den Salat gießen und vermengen. Mit Salz und Pfeffer abschmecken und sofort servieren.

Thunfisch-Bohnen-Salat

Für 4 Personen

Zutaten

200 g grüne Bohnen
400 g weiße Bohnen aus der Dose, z.B. Cannellini, abgespült und abgetropft
4 Frühlingszwiebeln, fein gehackt
2 EL Olivenöl
2 Thunfischsteaks (à 2 cm dick)
Salz und Pfeffer
250 g Kirschtomaten, halbiert
1 Romana-Salatherz, in einzelne Blätter getrennt

Dressing

1 Handvoll frische Minze, gehackt
1 Handvoll frische Petersilie, gehackt
1 Knoblauchzehe, zerdrückt
4 EL natives Olivenöl extra
1 EL Rotweinessig
Salz und Pfeffer

Zum Garnieren

Minzezweige
einige Petersilienzweige

Für das Dressing alle Zutaten in eine große Salatschüssel geben und verrühren.

Salzwasser in einem Topf zum Kochen bringen und die grünen Bohnen darin 6 Minuten garen. Die weißen Bohnen zufügen und alles weitere 5 Minuten bissfest garen. Abgießen und abtropfen lassen. Zusammen mit den Frühlingszwiebeln in die Salatschüssel geben und mit dem Dressing vermengen.

Das Öl in einer Pfanne erhitzen. Die Thunfischsteaks mit Salz und Pfeffer würzen und von jeder Seite 2–4 Minuten anbraten.

Die Steaks aus der Pfanne nehmen und 2 Minuten ruhen lassen. Nach Belieben in Stücke zerteilen oder ganz lassen. Die Tomaten unter die Bohnen mischen. Eine Servierplatte mit den Salatblättern auslegen und die Bohnen darauf verteilen. Die Thunfischsteaks darüberlegen. Mit Minze und Petersilie garnieren und warm oder kalt servieren.

Thunfisch-Gemüse-Salat

Für 4 Personen

Zutaten

12 Kirschtomaten, halbiert
250 g dicke Bohnen
250 g Zucchini, in feine Scheiben geschnitten
250 g kleine Champignons, in feine Scheiben geschnitten
einige Blätter Eisbergsalat
350 g Thunfisch im eigenen Saft, abgetropft und zerpflückt
frische Petersilie, zum Garnieren

Dressing

4 EL Mayonnaise
4 EL Naturjoghurt
2 EL Weißweinessig
Salz und Pfeffer

Für das Dressing die Zutaten in ein Schraubglas füllen und kräftig schütteln.

Tomaten, Bohnen, Zucchini und Pilze in einer Schüssel vermengen. Das Dressing darübergießen, die Schüssel abdecken und etwa 1 Stunde ziehen lassen.

Eine Servierplatte mit den Salatblättern auslegen und das Gemüse darauf anrichten. Die Thunfischstücke darübergeben, mit Petersilie garnieren und servieren.

Garnelen-Mango-Salat

Für 4 Personen

Zutaten
2 Mangos
250 g ausgelöste gegarte Garnelen, plus 4 Garnelen in der Schale, zum Garnieren
Salatblätter (nach Belieben), zum Servieren

Dressing
aufgefangener Mangosaft
6 EL Naturjoghurt
2 EL Mayonnaise
1 EL Zitronensaft
Salz und Pfeffer

Die Mangos schälen und in Würfel schneiden; dabei über einer Schüssel arbeiten und den Saft auffangen. Die Mangowürfel in eine Schüssel geben und mit den ausgelösten Garnelen vermengen.

Für das Dressing alle Zutaten in einer Schüssel verrühren.

Eine Servierplatte mit Salatblättern auslegen. Mango und Garnelen darauf anrichten und das Dressing darübergießen. Mit den ganzen Garnelen garnieren und sofort servieren.

Kartoffelsalat mit Lachs

Für 4 Personen

Zutaten

500 g neue Kartoffeln, in Stücke geschnitten
4 Lachssteaks (à 120 g)
Salz und Pfeffer
1 Avocado, in Streifen geschnitten
Saft von einer ½ Zitrone
50 g Babyspinat
125 g Feldsalat und Brunnenkresse, gemischt
12 Kirschtomaten, halbiert
50 g gehackte Walnüsse

Dressing

4 EL Apfelsaft
1 EL Balsamico-Essig
Salz und Pfeffer

Die Kartoffeln in einen Topf mit Salzwasser geben und zum Kochen bringen. Etwa 10–15 Minuten garen. Abgießen, abtropfen lassen und warm halten.

Den Backofengrill vorheizen, die Lachssteaks salzen und pfeffern und etwa 5–7 Minuten grillen. Ebenfalls warm halten.

Die Avocadoscheiben mit Zitronensaft beträufeln und beiseitestellen.

Spinat- und Salatblätter in einer großen Schüssel sorgfältig vermengen und auf 4 Servierteller verteilen. Je 6 Tomatenhälften und ein paar Avocadostreifen darauf anrichten.

Die Lachssteaks in Stücke zerpflücken und zusammen mit den Kartoffelstücken auf die Teller verteilen. Mit den Walnüssen bestreuen.

Für das Dressing die Zutaten in einer Schüssel verrühren. Über den Salat träufeln und sofort servieren.

Kokosgarnelen mit Gurkensalat

Für 4 Personen

Zutaten

200 g brauner Basmati-Reis
½ TL Koriandersamen
2 Eiweiß, leicht verquirlt
100 g Kokosraspel
24 rohe ausgelöste Garnelen
½ Gurke
4 Frühlingszwiebeln, diagonal in Streifen geschnitten
1 TL Sesamöl
1 EL frisch gehackter Koriander

8 Holzspieße, 30 Minuten in Wasser eingeweicht

Salzwasser in einem großen Topf zum Kochen bringen, den Reis hineingeben und 25 Minuten garen. In ein Sieb abgießen, das Sieb mit einem Tuch bedecken und abtropfen lassen.

Die Koriandersamen im Mörser zerstoßen. Eine beschichtete Pfanne erhitzen den Koriander zugeben und kurz anrösten. Beiseitestellen.

Eiweiß und Kokosraspel jeweils auf 1 tiefen Teller geben. Die Garnelen erst im Eiweiß, dann in den Kokosraspeln wenden. Jeweils 3 Garnelen auf einen Holzspieß stecken.

Den Backofengrill vorheizen. Die Gurke mit einem Sparschäler diagonal in lange Streifen schneiden. In eine Salatschüssel geben und mit Frühlingszwiebeln und Sesamöl vermengen. Die Garnelen unter dem heißen Grill 3–4 Minuten von jeder Seite grillen, bis sie leicht gebräunt sind.

Den gerösteten und den frischen Koriander unter den Reis mischen. Reis und Gurkensalat auf Servierschalen oder -teller verteilen, die Kokosgarnelen darauf anrichten und servieren.

Thunfisch-Avocado-Salat

Für 4 Personen

Zutaten

2 Avocados, in Würfel geschnitten
250 g Kirschtomaten, halbiert
2 rote Paprika, in Stücke geschnitten
glatte Petersilie
2 Knoblauchzehen, zerdrückt
1 frische rote Chili, entkernt und fein gehackt
Saft von einer ½ Zitrone
6 EL Olivenöl
Pfeffer
3 EL Sesamsaat
4 Thunfischsteaks (à 150 g)
8 gekochte neue Kartoffeln, gewürfelt
Rucola, zum Garnieren
Baguette, zum Servieren

Avocados, Tomaten, Paprika, Petersilie, Knoblauch, Chili, Zitronensaft und 2 Esslöffel Öl in einer großen Schüssel vermengen und mit Pfeffer abschmecken. Die Schüssel abdecken und 30 Minuten im Kühlschrank ziehen lassen.

Den Sesam in einem Mörser leicht zerstoßen und auf einen tiefen Teller geben. Die Thunfischsteaks darin wenden.

2 Esslöffel Öl in einer Pfanne erhitzen und die Kartoffeln unter Rühren 5–8 Minuten anbraten. Aus der Pfanne nehmen und beiseitestellen.

Das restliche Öl in der Pfanne erhitzen und die Thunfischsteaks 3–4 Minuten von jeder Seite braten.

Avocadosalat und Kartoffeln auf 4 Teller verteilen. Die Thunfischsteaks darauf anrichten. Mit Rucola garnieren und mit frischem Baguette servieren.

Tomatensalat mit Lachs & Garnelen

Für 4 Personen

Zutaten
einige Romana-Salatblätter
120 g kleine Kirschtomaten, halbiert
4 vollreife Tomaten, klein gewürfelt
100 g Räucherlachs
200 g gegarte ausgelöste Garnelen

Dressing
1 EL Dijon-Senf
2 TL Zucker
2 TL Rotweinessig
2 EL Olivenöl
1 EL frisch gehackter Dill, plus einige Stängel, zum Garnieren
Salz und Pfeffer

Eine große Servierplatte mit den Salatblättern auslegen und die halbierten und gewürfelten Tomaten darauf verteilen. Den Räucherlachs in Streifen schneiden und zusammen mit den Garnelen auf dem Salat anrichten.

Für das Dressing alle Zutaten in einer Schüssel verrühren und über den Salat gießen. Mit Dillzweigen garnieren und servieren.

Hummersalat

Für 2 Personen

Zutaten
2 rohe Hummerschwänze
einige Radicchioblätter
frischer Dill, zum Garnieren

Zitronenmayonnaise
1 große Zitrone
1 großes Eigelb
½ TL Dijon-Senf
150 ml Olivenöl
1 EL frisch gehackter Dill
Salz und Pfeffer

Für die Zitronenmayonnaise die Hälfte der Zitronenschale fein abreiben und den Saft auspressen. Das Eigelb in einer Schüssel verquirlen. Senf und 1 Teelöffel Zitronensaft unterrühren. Mit einem Handrührgerät schlagen und in einem dünnen Strahl das Öl zugießen, bis eine dickcremige Mayonnaise entstanden ist. Die Zitronenschale, etwas Zitronensaft und den Dill unterrühren und mit Salz und Pfeffer abschmecken. Die Schüssel abdecken und in den Kühlschrank stellen.

Salzwasser in einem großen Topf zum Kochen bringen. Die Hummerschwänze hineingeben und etwa 6 Minuten kochen, bis das Fleisch glasig und der Panzer rot ist. Abgießen, abtropfen und abkühlen lassen.

Das Hummerfleisch aus dem Panzer lösen und in Scheiben schneiden. Mit Radicchioblättern auf einer Servierplatte anrichten. Mit Dill garnieren und mit der Zitronenmayonnaise servieren.

Russischer Fisch-Gemüse-Salat

Für 4 Personen

Zutaten

120 g neue Kartoffeln
120 g dicke Bohnen
120 g junge Karotten
120 g Babymaiskolben
120 g kleine weiße Rüben, geschält
120 g kleine Champignons, in Scheiben geschnitten
350 g gegarte ausgelöste Garnelen
125 ml Mayonnaise
1 EL Zitronensaft
2 EL Kapern, abgespült und abgetropft
Salz und Pfeffer
2 EL natives Olivenöl extra
2 hart gekochte Eier, halbiert
4 eingelegte Sardellenfilets, abgetropft und längs halbiert
Paprikapulver, zum Bestäuben

Salzwasser in einem Topf zum Kochen bringen und die Kartoffeln darin 20 Minuten garen. Bohnen, Karotten, Mais und Rüben in einem zweiten Topf mit Salzwasser 8–10 Minuten bissfest garen. Abgießen, unter fließend kaltem Wasser abschrecken und abtropfen lassen. Die Bohnen zwischen Daumen und Zeigefinger aus ihrer Haut drücken.

Pilze und Garnelen in einer Schüssel vermengen. Mayonnaise und Zitronensaft verrühren und die Hälfte unter die Pilz-Garnelen-Mischung heben. Die Kapern zugeben und mit Salz und Pfeffer abschmecken.

Das abgetropfte Gemüse in eine große Schüssel geben, mit dem Olivenöl beträufeln und gut vermengen. Auf 4 Teller verteilen und etwas Garnelenmischung darauf anrichten. Je ein halbes Ei daraufsetzen und mit den Sardellenstreifen garnieren. Mit Paprikapulver bestäuben und mit der restlichen Mayonnaise servieren.

Meeresfrüchtesalat

Für 4 Personen

Zutaten

250 g frische Miesmuscheln
350 g frische Jakobsmuscheln, ausgelöst
250 g kleine Tintenfische, geputzt und in Ringe und Tentakel geschnitten
1 rote Zwiebel, in dünne Ringe geschnitten
frisch gehackte Petersilie, zum Garnieren
Zitronenspalten, zum Servieren

Dressing

4 EL natives Olivenöl extra
2 EL Weißweinessig
1 EL Zitronensaft
1 Knoblauchzehe, fein gehackt
1 EL frisch gehackte glatte Petersilie
Salz und Pfeffer

Die Muscheln abbürsten und die Bärte entfernen. Beschädigte Muscheln aussortieren. In ein Sieb geben und unter fließend kaltem Wasser abspülen. In einen Topf mit Salzwasser geben und zum Kochen bringen. Den Topf abdecken und 5 Minuten garen, dabei gelegentlich am Topf rütteln. Muscheln, die sich nicht geöffnet haben, aussortieren. Die Muscheln abgießen und den Sud auffangen. Dann die Muscheln unter fließend kaltem Wasser abschrecken.

Den Sud zurück in den Topf gießen und wieder zum Kochen bringen. Jakobsmuscheln und Tintenfisch 4–5 Minuten darin garen. Abgießen, die Meeresfrüchte unter kaltem Wasser abschrecken und gut abtropfen lassen. Die Miesmuscheln auslösen und mit Jakobsmuscheln und Tintenfisch in einer Schüssel vermengen. Abkühlen lassen. Die Schüssel abdecken und 30 Minuten in den Kühlschank stellen.

Die Meeresfrüchte auf 4 Teller verteilen und die Zwiebelringe darübergeben. Für das Dressing alle Zutaten in einer Schüssel verrühren und über den Salat gießen. Vermengen, mit Petersilie garnieren und mit Zitronenspalten servieren.

Krebsfleischcocktail mit Melone

Für 4 Personen

Zutaten
5 EL Mayonnaise
50 g Naturjoghurt
4 TL natives Olivenöl extra
4 TL Limettensaft
1 Frühlingszwiebel, fein gehackt
4 TL frisch gehackte Petersilie
1 Prise Cayenne-Pfeffer
350 g frisches Krebsfleisch
1 Cantaloupe-Melone
2 kleine Radicchio, in Blätter geteilt
frische Petersilie, zum Garnieren
frisches Brot, zum Servieren

Mayonnaise, Joghurt, Olivenöl, Limettensaft, Frühlingszwiebel, Petersilie und Cayenne-Pfeffer in einer Schüssel sorgfältig verrühren. Das Krebsfleisch vorsichtig unterheben.

Die Melone halbieren und entkernen, in Spalten schneiden und schälen.

Melonenspalten und Radicchio in 4 Servierschalen anrichten und den Krebsfleischcocktail daraufgeben. Mit Petersilie garnieren und mit frischem Brot servieren.

Reissalat mit Garnelen

Für 4 Personen

Zutaten

175 g Langkorn- und Wildreis gemischt
350 g gegarte ausgelöste Garnelen
1 Mango, klein gewürfelt
4 Frühlingszwiebeln, gehackt
25 g Mandelblättchen
1 EL frisch gehackte Minze
Salz und Pfeffer

Dressing

1 EL natives Olivenöl extra
2 TL Limettensaft
1 Knoblauchzehe, zerdrückt
1 TL Honig
Salz und Pfeffer

Salzwasser in einem großen Topf zum Kochen bringen und den Reis darin 30 Minuten garen. Abgießen, abtropfen lassen und in eine große Schüssel füllen. Die Garnelen unterheben.

Für das Dressing alle Zutaten in einer Schale verrühren. Über den Reis gießen, gut vermengen und auskühlen lassen.

Mango, Frühlingszwiebeln, Mandeln und Minze unterheben und mit Salz und Pfeffer abschmecken. Auf 4 Schalen verteilen und servieren.

Bunter Salat mit Sardellen & Oliven

Für 4 Personen

Zutaten

100 g gemischte Salatblätter, z.B. Radicchio, Frisée, Rucola und Feldsalat
12 Kirschtomaten, halbiert
20 entsteinte schwarze Oliven, halbiert
6 Sardellenfilets, abgetropft und in Stücke geschnitten
1 EL frisch gehackter Oregano
Zitronenspalten, zum Garnieren
frische Brötchen, zum Servieren

Dressing

4 EL natives Olivenöl extra
1 EL Weißweinessig
1 EL Zitronensaft
1 EL frisch gehackte glatte Petersilie
Salz und Pfeffer

Für das Dressing alle Zutaten in einer Schüssel verrühren.

Die Salatblätter in eine große Schüssel geben. Kirschtomaten, Oliven, Sardellen und Oregano darauf verteilen. Mit dem Dressing beträufeln.

Den Salat auf 4 Teller aufteilen und mit den Zitronenspalten garnieren. Mit frischen Brötchen servieren.

Räucherlachs mit Rucola

Für 4 Personen

Zutaten

50 g Rucola, geputzt
1 EL frisch gehackte glatte Petersilie
2 Frühlingszwiebeln, gehackt
2 große Avocados, in dünne Streifen geschnitten
1 EL Zitronensaft
250 g Räucherlachs, in dünne Streifen geschnitten

Dressing

150 ml Mayonnaise
2 EL Limettensaft
fein abgeriebene Schale von 1 Limette
1 EL frisch gehackte glatte Petersilie, plus etwas mehr zum Garnieren

Die Rucolablätter halbieren und auf 4 Schalen verteilen. Mit Petersilie und Frühlingszwiebeln bestreuen.

Die Avocados mit dem Zitronensaft beträufeln, und zusammen mit den Lachsstreifen auf die 4 Schalen verteilen.

Für das Dressing alle Zutaten in einer Schüssel verrühren und mit einem Löffel über den Salat geben. Mit Petersilie garnieren und sofort servieren.

Nudelsalat mit Thunfisch

Für 4 Personen

Zutaten

200 g Fussili, oder andere Spiralnudeln
1 rote Paprika, geviertelt
1 rote Zwiebel, in Streifen geschnitten
4 Tomaten, in Scheiben geschnitten
200 g Thunfisch im eigenen Saft, abgetropft und zerdrückt

Dressing

6 EL natives Olivenöl extra
3 EL Weißweinessig
1 EL Limettensaft
1 TL Senf
1 TL Honig
4 EL frisch gehacktes Basilikum, plus etwas mehr zum Garnieren

Den Backofengrill vorheizen. Salzwasser in einem Topf zum Kochen bringen und die Nudeln darin 8–10 bissfest garen. Abgießen, abtropfen und abkühlen lassen.

Die Paprikaviertel auf ein Backblech legen und 10–12 Minuten grillen, bis die Haut schwarz wird. In einen Gefrierbeutel geben, verschließen und abkühlen lassen. Die Paprika häuten und in Streifen schneiden.

Für das Dressing alle Zutaten in einer großen Schüssel verrühren. Pasta, Paprikastreifen, Zwiebel, Tomaten und Thunfisch hineingeben und sorgfältig vermengen. Den Nudelsalat auf 4 Teller verteilen, mit Basilikum garnieren und servieren.

Meeresfrüchtesalat mit Spinat

Für 4 Personen

Zutaten

500 g frische Miesmuscheln, abgebürstet, abgespült und Bärte entfernt
100 g rohe ausgelöste Garnelen
350 g Jakobsmuschelfleisch
500 g Babyspinat, geputzt
3 Frühlingszwiebeln, gehackt

Dressing

4 EL natives Olivenöl extra
2 EL Weißweinessig
1 EL Zitronensaft
1 TL fein abgeriebene Zitronenschale
1 Knoblauchzehe, gehackt
1 EL frisch geriebener Ingwer
1 frische rote Chili, entkernt und gehackt
1 EL frisch gehackter Koriander
Salz und Pfeffer

Die Muscheln in einen Topf mit Salzwasser geben und zum Kochen bringen. Abdecken und 5 Minuten garen, dabei gelegentlich am Topf rütteln. Geschlossene Muscheln aussortieren. Die Muscheln abgießen und dabei den Sud auffangen. Dann die Muscheln unter fließend kaltem Wasser abschrecken und auslösen. Den Sud wieder in den Topf gießen und aufkochen. Garnelen und Jakobsmuscheln zugeben und 3 Minuten garen. Abgießen, abtropfen lassen und in eine große Schüssel füllen. Abdecken und für 30 Minuten in den Kühlschrank stellen.

Den Spinat mit 4 Esslöffeln Wasser in einen großen Topf geben und 2 Minuten bei starker Hitze garen. Abgießen, unter fließend kaltem Wasser abschrecken und abtropfen lassen.

Für das Dressing alle Zutaten in einer Schüssel verrühren. Den Spinat auf 4 Teller verteilen und mit der Hälfte der Frühlingszwiebeln bestreuen. Die Meeresfrüchte darauf anrichten und mit den restlichen Frühlingszwiebeln bestreuen. Mit dem Dressing beträufeln und servieren.

Neapolitanischer Meeresfrüchtesalat

Für 4 Personen

Zutaten

500 g Tintenfisch, in Ringe und Tentakel geschnitten
750 g gegarte ausgelöste Miesmuscheln (s. S. 153)
500 g eingelegte Herzmuscheln
150 ml Weißwein
300 ml Olivenöl
250 g Trofie, oder eine andere mittellange Nudelsorte
Saft von 1 Zitrone
½ Bund Schnittlauch, gehackt
½ Bund Petersilie, fein gehackt
Salz und Pfeffer
gemischte Salatblätter, z.B. Eichblattsalat, zerpflückt
4 große Tomaten, in Spalten geschnitten

Die Meeresfrüchte in einer großen Schüssel vermengen, mit dem Wein und der Hälfte des Öls übergießen und 6 Stunden marinieren.

Die Meeresfrüchte mit Marinade in einen Topf geben und bei geringer Hitze 10 Minuten garen. Vom Herd nehmen und abkühlen lassen.

Salzwasser in einem Topf zum Kochen bringen. Die Pasta mit 1 Esslöffel Öl zugeben und 8–10 Minuten bissfest garen. Abgießen, mit fließend kaltem Wasser abschrecken und abtropfen lassen.

Die Meeresfrüchte abgießen und den Sud dabei auffangen. Die Hälfte des Suds mit Zitronensaft, Kräutern und dem restlichen Öl verrühren. Mit Salz und Pfeffer abschmecken. Die Pasta mit den Meeresfrüchten vermengen.

Die Salatblätter auf einer Servierplatte auslegen. Den Nudelsalat darauf anrichten, die Tomaten darauf verteilen und servieren.

Muschelsalat

Für 4 Personen

Zutaten

2 große rote Paprika, halbiert
350 g gegarte ausgelöste Miesmuscheln (s. S. 153)
1 Radicchio, zerzupft
25 g Rucola, plus etwas mehr zum Garnieren
8 gegarte Grünlippenmuscheln in der Schale

Dressing

1 EL Olivenöl
1 EL Zitronensaft
1 TL fein abgeriebene Zitronenschale
2 TL Honig
1 TL Dijon-Senf
1 EL frisch gehackter Schnittlauch
Salz und Pfeffer

Den Backofengrill vorheizen. Die Paprika mit der Haut nach oben auf ein Backblech legen und 10 Minuten im Ofen grillen, bis die Haut schwarz wird. In einen Gefrierbeutel geben, verschließen und abkühlen lassen. Dann die Haut abziehen und das Fleisch in Streifen schneiden. Die Paprika in eine Schüssel geben und mit den Miesmuscheln vermengen.

Für das Dressing alle Zutaten in einer Schüssel verrühren und über die Muschelmischung gießen.

Eine Servierplatte mit Radicchio und Rucola auslegen und den Muschelsalat darauf verteilen. Die Grünlippenmuscheln darauf anrichten, mit ein paar Blättern Rucola garnieren und servieren.

Süßsaurer Fischsalat

Für 4 Personen

Zutaten

250 g Forellenfilet
250 g weißes Fischfilet, z.B. Schellfisch oder Kabeljau
300 ml Wasser
1 Stängel Zitronengras, halbiert
2 Kaffir-Limettenblätter
1 große rote Chili
1 Bund Frühlingszwiebeln, in Ringe geschnitten
120 g frische Ananas, in kleine Stücke geschnitten
1 kleine rote Paprika, in Streifen geschnitten
1 Bund Brunnenkresse
frisch gehackter Schnittlauch, zum Garnieren

Dressing

1 EL Sonnenblumenöl
1 EL Reisweinessig
1 Prise Chilipulver
1 TL Honig
Salz und Pfeffer

Die Fischfilets in einen Topf geben und mit dem Wasser übergießen. Zitronengras, Limettenblätter und Chili zugeben und zum Kochen bringen. Etwa 8–10 Minuten garen, dann abgießen und abtropfen lassen.

Die Fischfilets eventuell häuten, das Fleisch in mundgerechte Stücke schneiden und in eine große Schüssel geben. Frühlingszwiebeln, Ananas und Paprika zufügen und vorsichtig vermengen.

Die Brunnenkresse auf 4 Teller aufteilen und die Fischmischung darauf anrichten.

Alle Dressing-Zutaten in einer Schüssel verrühren und den Salat damit beträufeln. Mit Schnittlauch bestreuen und sofort servieren.

Chiligarnelen mit Ananas-Papaya-Salsa

Für 8 Personen

Zutaten

4 EL Sonnenblumenöl
1 frische rote Chili, entkernt und gehackt
1 Knoblauchzehe, zerdrückt
48 kleine Garnelen
frisch gehackte Petersilie, zum Garnieren

Salsa

1 große Papaya, in kleine Würfel geschnitten
1 kleine Ananas, in kleine Würfel geschnitten
1 frische rote Chili, entkernt und fein gehackt
2 Frühlingszwiebeln, sehr fein gehackt
1 Knoblauchzehe, sehr fein gehackt
2½ TL Zitronensaft
½ TL gemahlener Kreuzkümmel
¼ TL Salz
schwarzer Pfeffer

Für die Salsa alle Zutaten in einer Schüssel verrühren, abdecken und mindestens 2 Stunden im Kühlschrank ziehen lassen.

Das Öl in einem Wok erhitzen. Chili und Knoblauch kurz pfannenrühren. Die Garnelen hinzufügen und 3 Minuten garen, bis sie rosa sind.

Die Garnelen in eine Schüssel geben und abkühlen lassen. Abdecken und mindestens 2 Stunden im Kühlschrank ziehen lassen.

Die Garnelen aus der Marinade nehmen, auf 8 Schüsseln verteilen und mit der Petersilie bestreuen. Mit der Salsa servieren.

Schwertfisch mit frischer Tomatensalsa

Für 4 Personen

Zutaten

4 Schwertfischsteaks ohne Gräten (à 140 g)
Salz
1 EL Butter
1 EL Olivenöl
frisches Baguette, zum Servieren

Salsa

4 EL natives Olivenöl extra
1 EL Rotweinessig
600 g vollreife Fleischtomaten, entkernt und klein gewürfelt
140 g große schwarze Oliven, entsteint und halbiert
1 Schalotte, fein gehackt
1 EL Kapern, abgespült und abgetropft
3 EL frisch gehacktes Basilikum
Salz und Pfeffer

Für die Salsa alle Zutaten in einer Schüssel verrühren, abdecken und bis zum Servieren in den Kühlschrank stellen.

Die Schwertfischsteaks von beiden Seiten salzen. Butter und Öl in einer großen Pfanne zerlassen und die Steaks von beiden Seite etwa 3 Minuten braten, bis sie gar sind. Aus der Pfanne nehmen und auf einem Teller abkühlen lassen. Abdecken und für 2 Stunden in den Kühlschrank stellen.

Die Fischsteaks 15 Minuten vor dem Servieren aus dem Kühlschrank nehmen, in große Stücke zerteilen und vorsichtig unter die Salsa heben. Auf 4 Schalen verteilen und mit frischem Baguette servieren.

Garnelencocktail

Für 4 Personen

Zutaten
2 TL Salz
½ Zitrone, in Scheiben geschnitten
32 rohe ausgelöste große Garnelen
175 g Tomatenketchup
1 ½ EL geriebener Meerrettich
3 Selleriestangen, in 5 mm breite Scheiben geschnitten
fein abgeriebene Schale und Saft von 1 Zitrone
Salz und Pfeffer
Eisbergsalat, in breite Streifen geschnitten, zum Servieren
Zitronenspalten, zum Garnieren

Wasser, Salz und Zitronenscheiben in einem großen Topf zum Kochen bringen, dann die Hitze reduzieren. Die Garnelen zugeben und etwa 3 Minuten kochen, bis sie rosa sind. Abgießen, unter fließend kaltem Wasser abschrecken und abtropfen lassen.

Ketchup, Meerrettich, Sellerie, Zitronenschale und 1 Esslöffel Zitronensaft in einer Schüssel verrühren. Mit Salz und Pfeffer abschmecken. Die Garnelen unterheben. Abdecken und mindestens 2 Stunden im Kühlschrank marinieren.

Die Salatblätter auf 4 Schalen verteilen und den Garnelencocktail darauf anrichten. Mit Zitronenspalten garnieren und sofort servieren.

Selleriesalat mit Krebsfleisch

Für 4 Personen

Zutaten
500 g Knollensellerie, geraspelt
Saft von 1 Zitrone
250 g frisches weißes Krebsfleisch
Salz und Pfeffer
frisch gehackter Dill, zum Garnieren

Remoulade
150 ml Mayonnaise
1 EL Dijon-Senf
1 ½ TL Weißweinessig
2 EL Kapern, abgespült
Salz und weißer Pfeffer

Für die Remoulade alle Zutaten in einer Schüssel verrühren. Abdecken und bis zum Gebrauch im Kühlschrank aufbewahren.

Salzwasser in einem großen Topf zum Kochen bringen. Sellerieraspel und Zitronensaft zugeben und 2 Minuten garen. Abgießen und unter fließend kaltem Wasser abschrecken. Das Wasser aus den Sellerieraspeln mit den Händen herausdrücken.

Sellerie und Krebsfleisch in einer Schüssel verrühren und das Dressing darübergießen. Mit Salz und Pfeffer abschmecken, abdecken und 30 Minuten im Kühlschrank ziehen lassen.

Zum Servieren den Salat in Schalen füllen und mit Dill garnieren.

Knackige

Muntermacher

Reissalat mit Gurke & Orange

Für 4 Personen

Zutaten

250 g Langkorn- und Wildreis, gemischt
850 ml Wasser
je 1 rote, gelbe und orangefarbene Paprika, in feine Streifen geschnitten
½ Gurke, diagonal halbiert und in feine Scheiben geschnitten
1 Orange, geschält und filetiert
3 vollreife Tomaten, gewürfelt
1 rote Zwiebel, in feine Ringe geschnitten
½ Bund glatte Petersilie, gehackt

Dressing

1 Knoblauchzehe, zerdrückt
1 EL Balsamico-Essig
2 EL natives Olivenöl extra
Meersalz und Pfeffer

Den Reis in einen Topf mit Salzwasser geben und aufkochen. Den Topf abdecken und den Reis etwa 30–35 Minuten unter gelegentlichem Rühren gar kochen. Den Deckel während der letzten 5 Minuten abnehmen, damit das Wasser vollständig verdampft. Abgießen, abtropfen lassen und in eine große Schüssel füllen.

Für das Dressing alle Zutaten in ein Schraubglas füllen und kräftig schütteln. Über den Reis gießen und gut vermengen.

Paprikastreifen, Gurke, Orange, Tomaten, Zwiebel und Petersilie zugeben und vermengen. Sofort servieren.

Paprika-Radicchio-Salat

Für 4 Personen

Zutaten

2 rote Paprika
1 Radicchio, in einzelne Blätter geteilt
4 gegarte Rote Bete, in Stifte geschnitten
12 Radieschen, in Scheiben geschnitten
4 Frühlingszwiebeln, in Ringe geschnitten
4 EL einfaches Salatdressing (s. S. 53)
frisches Brot, zum Servieren

Die Paprika am Stiel aufschneiden, entkernen und in dünne Ringe schneiden. In eine große Schüssel geben.

Radicchio, Rote Bete, Radieschen und Frühlingszwiebeln zugeben. Das Dressing darübergießen und gut vermengen. Mit frischem Brot servieren.

Melonen-Chicorée-Salat

Für 4 Personen

Zutaten
2 Äpfel
Saft von 1 Zitrone
1 großes Stück Wassermelone, entkernt und klein gewürfelt
1 Chicorée, in dicke Streifen geschnitten
4 Selleriestangen mit Grün, in Scheiben geschnitten, das Grün gehackt
1 EL Walnussöl
Salz

Die Äpfel entkernen und klein würfeln. In eine Salatschüssel geben und mit Zitronensaft beträufeln.

Die restlichen Zutaten zufügen und sorgfältig vermengen. Mit etwas Salz abschmecken und sofort servieren.

Kichererbsen-Tomaten-Salat

Für 4 Personen

Zutaten

400 g Kichererbsen aus der Dose, abgespült und abgetropft
250 g vollreife Tomaten, in dünne Spalten geschnitten
1 rote Zwiebel, in feine Streifen geschnitten
1 Handvoll frisches Basilikum, gehackt, plus ein paar Blätter zum Garnieren
1 Romanasalat, in einzelne Blätter geteilt
frisches Brot, zum Servieren

Dressing

1 grüne Chili, entkernt und fein gehackt
1 Knoblauchzehe, zerdrückt
Saft und Zesten von 2 Zitronen
2 EL Olivenöl
1 EL Wasser
schwarzer Pfeffer

Für das Dressing alle Zutaten in ein Schraubglas füllen und kräftig schütteln.

Kichererbsen, Tomaten, Zwiebel und Basilikum in einer Schüssel vermischen. Das Dressing darübergießen und unterrühren. Die Salatblätter auf 4 Servierschalen verteilen. Den Kichererbsensalat darauf anrichten und mit Basilikumblättern garnieren. Mit frischem Brot servieren.

Fenchel-Orangen-Salat

Für 4 Personen

Zutaten

2 Orangen, in dünne Scheiben geschnitten
1 Fenchel, gehobelt, das Fenchelgrün aufbewahren, zum Garnieren
1 rote Zwiebel, in dünne Ringe geschnitten

Dressing

Saft von 1 Orange
2 EL Balsamico-Essig
Salz und Pfeffer

Die Orangenscheiben auf einer flachen Servierplatte anrichten. Fenchel und Zwiebeln darauf verteilen.

Die Zutaten für das Dressing in einer Schüssel verrühren und den Salat damit beträufeln. Mit Fenchelgrün garnieren und sofort servieren.

Linsen-Kartoffel-Salat

Für 4 Personen

Zutaten
100 g Puy-Linsen
500 g neue Kartoffeln, halbiert
6 Frühlingszwiebeln, in feine Ringe geschnitten
1 EL Olivenöl
2 EL Balsamico-Essig
Salz und Pfeffer

Salzwasser in einem großen Topf zum Kochen bringen. Die Linsen abspülen, in den Topf geben und etwa 20 Minuten gar kochen. Abgießen, unter fließend kaltem Wasser abschrecken und abtropfen lassen.

Einen weiteren Topf mit Salzwasser füllen, die Kartoffeln zugeben und in 15–20 Minuten gar kochen. Abgießen, abtropfen lassen und halbieren.

Linsen, Kartoffeln und Frühlingszwiebeln in eine Schüssel geben. Olivenöl und Essig darübergießen und mit reichlich Salz und Pfeffer abschmecken. Auf 4 Servierschüsseln verteilen und servieren.

Fruchtiger Sprossensalat

Für 4 Personen

Zutaten

120 g Bohnensprossen
100 g rote und weiße kernlose Trauben, halbiert
12 ungeschwefelte getrocknete Aprikosen, halbiert
25 g blanchierte Mandeln, halbiert

Dressing

1 EL Walnussöl
1 TL Sesamöl
2 TL Balsamico-Essig
Salz und Pfeffer

Die Bohnensprossen waschen, abtropfen lassen und in eine große Salatschüssel geben. Trauben und Aprikosen zugeben.

Die Zutaten für das Dressing in ein Schraubglas füllen, kräftig schütteln und über den Salat gießen.

Den Salat mit den Mandeln bestreuen und sofort servieren.

Spargel-Tomaten-Salat

Für 4 Personen

Zutaten

250 g grüner Spargel, holzige Enden entfernt und die Stangen auf eine Länge gekürzt
100 g Feldsalat, geputzt
25 g Rucola oder Mizunasalat
500 g vollreife Tomaten, in Scheiben geschnitten
12 entsteinte schwarze Oliven, in Ringe geschnitten
1 EL geröstete Pinienkerne

Dressing

1 TL Zitronenöl
1 EL Olivenöl
1 TL körniger Senf
2 EL Balsamico-Essig
Salz und Pfeffer

Den Spargel in einem Topf mit Salzwasser etwa 8 Minuten bissfest garen. Unter fließend kaltem Wasser abschrecken und in 5 cm lange Stücke schneiden.

Die Salatblätter auf einer großen Servierplatte verteilen und Tomatenscheiben und Spargelstücke darauf anrichten. Mit Oliven und Pinienkernen bestreuen.

Für das Dressing alle Zutaten in ein Schraubglas füllen, kräftig schütteln und über den Salat gießen. Sofort servieren.

Avocadosalat

Für 4 Personen

Zutaten
8 Radicchioblätter
100 g Rucola
1 kleine Galia-Melone
2 reife Avocados, in dünne Spalten geschnitten
1 EL Zitronensaft
200 g Fontina-Käse, in mundgerechte Würfel geschnitten

Dressing
5 EL natives Olivenöl extra
1 EL Weißweinessig
1 EL Zitronensaft
1 EL frisch gehackte Petersilie, plus etwas mehr zum Garnieren
Salz und Pfeffer

Für das Dressing alle Zutaten in eine Schüssel geben und verrühren.

Radicchio und Rucola auf 4 Teller verteilen. Die Melone halbieren und entkernen. In dünne Spalten schneiden und auf den Salatblättern verteilen.

Die Avocadospalten mit Zitronensaft beträufeln und ebenfalls auf dem Salat anrichten. Mit Käsewürfeln und Petersilie bestreuen. Mit etwas Dressing beträufeln und sofort servieren.

Kartoffelsalat mit Kräutern

Für 4–6 Personen

Zutaten

500 g neue Kartoffeln
Salz
16 Kirschtomaten, halbiert
70 g entsteinte schwarze Oliven, grob gehackt
4 Frühlingszwiebeln, in feine Ringe geschnitten
2 EL frisch gehackte Minze
2 EL frisch gehackte Petersilie
2 EL frisch gehackter Koriander
Saft von 1 Zitrone
3 EL natives Olivenöl extra
Pfeffer

Die Kartoffeln in einem Topf mit Salzwasser in 15–20 Minuten gar kochen. Abgießen, abtropfen, etwas abkühlen lassen und schälen. Dann die Kartoffeln je nach Größe halbieren oder vierteln. Mit Tomaten, Oliven, Frühlingszwiebeln und Kräutern in eine Salatschüssel geben.

Zitronensaft und Öl über den Salat gießen, mit Salz und Pfeffer abschmecken und vermengen. Lauwarm oder kalt servieren.

Quinoa-Taboulé

Für 4 Personen

Zutaten
175 g Quinoa
600 ml Wasser
10 Kirschtomaten, halbiert
7,5-cm-Stück Gurke, halbiert und in Scheiben geschnitten
3 Frühlingszwiebeln, fein gehackt
Saft von einer ½ Zitrone
2 EL natives Olivenöl extra
4 EL frisch gehackte Minze
4 EL frisch gehackter Koriander
4 EL frisch gehackte Petersilie
Salz und Pfeffer

Quinoa und Wasser in einen Topf geben und zum Kochen bringen. Die Hitze reduzieren und 15 Minuten köcheln lassen. Vom Herd nehmen und, falls nötig, die Quinoa abtropfen. Etwas abkühlen lassen.

Die Quinoa mit den übrigen Zutaten in einer großen Schüssel vermengen. Mit Salz und Pfeffer abschmecken und sofort servieren.

Rohkost mit Buchweizennudeln & Tofu

Für 2 Personen

Zutaten
200 g Buchweizennudeln
250 g fester geräucherter Tofu
200 g Weißkohl, gehobelt
250 g Karotten, geraspelt
3 Frühlingszwiebeln, diagonal in dünne Streifen geschnitten
1 frische rote Chili, entkernt und in feine Ringe geschnitten
2 EL Sesamsaat, leicht geröstet

Dressing
1 TL frisch geriebener Ingwer
1 Knoblauchzehe, zerdrückt
175 g Seidentofu
4 TL Sojasauce oder Tamari (Sojasauce ohne Weizen)
2 EL Sesamöl
4 EL heißes Wasser
Salz

Die Nudeln in einen Topf mit kochendem Salzwasser geben und nach Packungsanweisung gar kochen. Abgießen, unter fließend kaltem Wasser abschrecken und abtropfen lassen.

Für das Dressing alle Zutaten in eine Schüssel geben und cremig rühren.

Den geräucherten Tofu 5 Minuten in einem Dämpftopf oder dem Dämpfeinsatz des Woks dämpfen und in dünne Scheiben schneiden.

Kohl, Karotten, Frühlingszwiebeln und Chili in einer großen Schüssel mischen. Die Nudeln auf einer Servierplatte verteilen und die Kohlmischung darübergeben. Die Tofuscheiben darauf anrichten und das Dressing darübergießen. Mit der Sesamsaat bestreuen und servieren.

Zucchinisalat mit Minze

Für 4 Personen

Zutaten

2 Zucchini, in Stifte geschnitten
100 g grüne Bohnen, in Stücke geschnitten
1 grüne Paprika, in Streifen geschnitten
2 Selleriestangen, in feine Scheiben geschnitten
1 Bund Brunnenkresse

Dressing

200 g Naturjoghurt
1 Knoblauchzehe, zerdrückt
2 EL frisch gehackte Minze
Pfeffer

Salzwasser in einem Topf zum Kochen bringen, Zucchini und Bohnen zugeben und 8 Minuten bissfest garen. Abgießen, unter fließend kaltem Wasser abschrecken, abtropfen und abkühlen lassen.

Zucchini, Bohnen, Paprika und Sellerie in eine große Schüssel geben und vermengen. Die Brunnenkresse auf dem Salat verteilen.

Für das Dressing alle Zutaten in einer Schüssel verrühren und über den Salat gießen. Sofort servieren.

Tomaten-Avocado-Salat mit Senfdressing

Für 4 Personen

Zutaten
2 vollreife Fleischtomaten
100 g Mozzarella
2 Avocados
Basilikumblätter, zerpflückt
20 entsteinte schwarze Oliven
frisches Baguette, zum Servieren

Dressing
1 EL Olivenöl
1½ EL Weißweinessig
1 TL körniger Senf
Salz und Pfeffer

Die Tomaten in Spalten scheiden. Den Mozzarella abtropfen und in große Stücke schneiden. Die Avocados halbieren, entsteinen und in dünne Spalten schneiden. Alles in eine große Schüssel geben.

Für das Dressing alle Zutaten in eine Schüssel geben und verrühren. Über den Salat gießen und vermengen.

Mit Basilikum und Oliven bestreuen und sofort mit frischem Baguette servieren.

Salat aus Röstgemüse

Für 4 Personen

Zutaten
1 Zwiebel, in Spalten geschnitten
1 Aubergine, in Scheiben geschnitten
1 rote Paprika, in große Stücke geschnitten
1 orangefarbene Paprika, in große Stücke geschnitten
1 große Zucchini, in Scheiben geschnitten
2–4 Knoblauchzehen
2–4 EL Olivenöl
Salz und Pfeffer
frisches Baguette, zum Servieren

Zum Garnieren
1 EL frisch gehacktes Basilikum
frische Parmesanspäne

Dressing
1 EL Balsamico-Essig
2 EL natives Olivenöl extra
Salz und Pfeffer

Den Backofen auf 200°C vorheizen. Das Gemüse mit den Knoblauchzehen in einer Bratform verteilen und mit 2 Esslöffeln Olivenöl beträufeln. Salzen und pfeffern und gut vermengen. Im Ofen 40 Minuten garen, bis das Gemüse weich ist. Wenn es zu trocken wird, mit zusätzlichem Öl beträufeln.

Für das Dressing alle Zutaten in ein Schraubglas füllen und kräftig schütteln.

Das Gemüse auf einer Servierplatte anrichten und mit dem Dressing beträufeln. Mit Basilikum und Parmesan garnieren. Warm oder kalt mit frischem Baguette servieren.

Dreierlei Bohnensalat

Für 4–6 Personen

Zutaten

175 g gemischter Salat, z. B. Rucola und Frisée
1 rote Zwiebel, in feine Streifen geschnitten
80 g Radieschen, in dünne Scheiben geschnitten
175 g Kirschtomaten, halbiert
120 g gegarte Rote Bete, in Würfel geschnitten
280 g Cannellini-Bohnen aus der Dose, abgespült und abgetropft
200 g Kidney-Bohnen aus der Dose, abgespült und abgetropft
300 g Flageolet-Bohnen aus der Dose, abgespült und abgetropft
40 g getrocknete Cranberrys
50 g geröstete Cashewkerne
250 g Feta, zerbröselt

Dressing

4 EL natives Olivenöl extra
1 TL Dijon-Senf
2 EL Zitronensaft
1 EL frisch gehackter Koriander
Salz und Pfeffer

Die Salatblätter auf einer Servierplatte verteilen.

Zwiebel, Radieschen, Tomaten, Rote Bete, Bohnen und Cranberrys in eine Schüssel geben und vermengen.

Für das Dressing alle Zutaten in ein Schraubglas füllen und kräftig schütteln. Über die Bohnenmischung gießen und vermengen. Den Bohnensalat auf den Salatblättern anrichten.

Mit Cashewkernen und Feta bestreuen und sofort servieren.

Bunter Gemüsesalat

Für 4–6 Personen

Zutaten

1 EL Apfelessig
1 TL körniger Senf
1 TL Zucker
3 EL Knoblauch-Olivenöl
1 EL Sonnenblumenöl
400 g Gemüsemais aus der Dose, abgespült und abgetropft
400 g Schnittbohnen aus der Dose, abgespült und abgetropft
2 eingelegte rote Paprika, abgespült und abgetropft
2 Frühlingszwiebeln, in feine Ringe geschnitten
Salz und Pfeffer
2 EL frisch gehackte Petersilie, zum Garnieren

Essig, Senf und Zucker in einer großen Schüssel vermengen. Nach und nach beide Ölsorten zugießen und gut verrühren.

Mais, Bohnen, Paprika und Frühlingszwiebeln zugeben und gut vermengen. Mit Salz und Pfeffer abschmecken, die Schüssel abdecken und bis zu 24 Stunden im Kühlschrank ziehen lassen.

Vor dem Servieren nochmals abschmecken und mit Petersilie garnieren.

Spinatsalat mit Blauschimmelkäse-Dressing

Für 4–6 Personen

Zutaten

300 g Babyspinat, geputzt
4 Frühlingszwiebeln, gehackt
3 Orangen, filetiert
50 g Sonnenblumenkerne

Blauschimmelkäse-Dressing

125 g kräftiger Blauschimmelkäse, z. B. Roquefort, zerbröselt
200 g Naturjoghurt
1 EL Weißweinessig
½ Zwiebel, geraspelt
½ kleines Bund Schnittlauch, gehackt
Salz und Pfeffer

Für das Dressing alle Zutaten in eine Schüssel geben und mit einem Pürierstab glatt pürieren. Abdecken und bis zum Gebrauch kühl stellen.

Spinatblätter und Frühlingszwiebeln in einer Salatschüssel vermischen und mit der Hälfte des Dressings vermengen. Orangenfilets und Sonnenblumenkerne darauf verteilen. Das restliche Dressing separat dazu reichen.

Salat mit Birne & Roquefort

Für 4 Personen

Zutaten
einige Blätter Lollo Rosso
einige Blätter Radicchio
80 g Feldsalat
2 vollreife Birnen, in dünne Scheiben geschnitten
Schnittlauchhalme, zum Garnieren

Dressing
50 g Roquefort
150 g Naturjoghurt
2 EL frisch gehackter Schnittlauch
Salz und Pfeffer

Für das Dressing den Käse in eine Schüssel geben und mit einer Gabel zerdrücken. Nach und nach den Joghurt zufügen und glatt rühren. Den Schnittlauch zugeben und mit Salz und Pfeffer abschmecken.

Die Salatblätter in mundgerechte Stücke zerkleinern und auf einer großen Servierplatte verteilen. Die Birnen darauf anrichten.

Das Roquefortdressing über den Salat träufeln und mit einigen Schnittlauchhalmen garnieren. Sofort servieren.

Grüner Fruchtsalat

Für 4 Personen

Zutaten
1 Honigmelone
2 grüne Äpfel, in kleine Stücke geschnitten
2 Kiwis, in dünne Scheiben geschnitten
125 g kernlose weiße Trauben

Sirup
Zeste von 1 Zitrone
150 ml Weißwein
150 ml Wasser
4 EL Honig
frische Minzezweige

Zum Garnieren
frische Minze
Zitronenzesten

Für den Sirup alle Zutaten in einen Topf geben und zum Kochen bringen. Die Hitze reduzieren und 10 Minuten köcheln lassen. Den Sirup vom Herd nehmen und abkühlen lassen.

Für den Fruchtsalat die Melone halbieren und entkernen. Das Fruchtfleisch mit einem Kugelausstecher herauslösen.

Den Sirup durch ein Haarsieb in eine Schüssel gießen. Melonenkugeln, Äpfel, Kiwis und Trauben zugeben und gut vermengen.

Den Fruchtsalat mit einigen Minzeblättchen und Zitronenzesten garnieren und servieren.

Exotischer Fruchtsalat

Für 4 Personen

Zutaten

1 Ananas, in dünne Scheiben geschnitten
1 Mango, in dünne Scheiben geschnitten
1 Papaya, in dünne Scheiben geschnitten
4 Orangen, filetiert
125 g Erdbeeren, geviertelt
Schlagsahne oder Crème fraîche, zum Servieren (nach Belieben)

Sirup

6 EL Zucker
400 ml Wasser
½ TL Lebkuchengewürz
abgeriebene Schale von ½ Zitrone

Für den Sirup alle Zutaten in einen Topf geben und zum Kochen bringen. Unter Rühren 2 Minuten kochen lassen und vom Herd nehmen. Auf Zimmertemperatur abkühlen lassen. In eine Schüssel geben, mit Frischhaltefolie abdecken und 1 Stunde im Kühlschrank ziehen lassen.

Die Ananasscheiben in dicke Streifen schneiden und zusammen mit Mango- und Papayascheiben in eine Schüssel geben. Orangenfilets und Erdbeerviertel zufügen und vorsichtig vermengen.

Den gekühlten Sirup über den Fruchtsalat gießen, die Schüssel mit Frischhaltefolie abdecken und bis zum Servieren im Kühlschrank aufbewahren. Mit Schlagsahne oder Crème fraîche servieren.

Roter Fruchtsalat

Für 4 Personen

Zutaten
1 Wassermelone (1,5 kg)
120 g kernlose blaue Trauben
4 Feigen

Sirup
abgeriebene Schale von
1 Limette
abgeriebene Schale und Saft
von 1 Orange
1 EL Ahornsirup
2 EL flüssiger Honig

Die Melone vierteln und entkernen. Das Fruchtfleisch in 2,5 cm große Würfel schneiden. Die Melonenwürfel mit den Trauben in eine Schüssel geben. Die Feigen in je 8 Spalten schneiden und ebenfalls in die Schüssel geben.

Für den Sirup alle Zutaten in einen Topf geben und zum Kochen bringen. 1 Minute köcheln lassen und den Sirup über die Früchte gießen. Gut vermengen und abkühlen lassen. Dann die Schüssel abdecken und für 1 Stunde im Kühlschrank unter gelegentlichem Rühren ziehen lassen.

Den Fruchtsalat auf 4 Dessertschalen verteilen und servieren.

Melone-Mango-Salat

Für 4 Personen

Zutaten

1 Cantaloupe-Melone, in kleine Würfel geschnitten
50 g kernlose blaue Trauben, halbiert
50 g kernlose weiße Trauben
1 große Mango, in Würfel geschnitten
1 Bund Brunnenkresse, geputzt
einige Blätter Eisbergsalat, in Streifen geschnitten
1 Passionsfrucht

Melonendressing

150 g Naturjoghurt
1 EL flüssiger Honig
1 TL frisch geriebener Ingwer

Salatdressing

2 EL Olivenöl
1 EL Apfelessig
Salz und Pfeffer

Für das Melonendressing alle Zutaten in einer Schale verrühren.

Melone, Trauben und Mango in eine Schüssel geben und vermengen.

Brunnenkresse und Eisbergsalat auf 4 Teller aufteilen.

Für das Salatdressing alle Zutaten in einer Schüssel verrühren, über das Obst gießen und vermengen.

Die Früchtemischung auf den Salatblättern anrichten und mit dem Melonendressing beträufeln.

Die Passionsfrucht halbieren, das Fruchtmark mit einem Löffel herauslösen und über den Salat geben. Sofort servieren.

Papaya-Weißkohl-Salat

Für 4 Personen

Zutaten

1 kleiner Eisbergsalat, in Streifen geschnitten
¼ Weißkohl, gehobelt
2 Papayas, in Spalten geschnitten
2 Tomaten
25 g geröstete Erdnüsse, grob gehackt
4 Frühlingszwiebeln, in feine Ringe geschnitten
Basilikumblätter, zum Garnieren

Dressing

4 EL Olivenöl
1 EL Fischsauce oder helle Sojasauce
2 EL Limetten- oder Zitronensaft
1 EL Rohrzucker
1 TL fein gehackte frische rote oder grüne Chili

Für das Dressing alle Zutaten in eine Schüssel geben und verrühren.

Eisbergsalat und Weißkohl vermengen und auf einer großen Servierplatte verteilen. Die Papayaspalten darauf anrichten.

Die Tomaten kreuzweise einschneiden und 1 Minute in kochend heißem Wasser blanchieren. Unter fließend kaltem Wasser abschrecken und häuten. Die Tomaten halbieren, entkernen und in sehr feine Spalten schneiden. Auf dem Salat verteilen.

Den Salat mit Erdnüssen und Frühlingszwiebeln bestreuen und das Dressing darübergießen. Mit Basilikum garnieren und sofort servieren.

Exotischer Fruchtcocktail

Für 4 Personen

Zutaten

2 Orangen
2 große Passionsfrüchte
1 Ananas, in Stücke geschnitten
1 Granatapfel
1 Banane

Eine Orange halbieren und den Saft in eine Schüssel pressen. Die zweite Orange schälen und über der Schüssel filetieren, um den Saft aufzufangen. Die Filets in die Schüssel geben.

Die Passionsfrüchte halbieren, das Fruchtmark mit einem Löffel herauslösen und durch ein Haarsieb in die Schüssel mit den Orangenfilets streichen. Die Ananasstücke zugeben und vermengen.

Den Granatapfel vierteln und die Kerne mit den Fingern oder einem Löffelstiel herauslösen. Unter den Fruchtsalat mischen.

Die Banane in dünne Scheiben schneiden, mit den anderen Früchten vermengen und sofort servieren.

Salat mit Erdbeeren & Melone

Für 4 Personen

Zutaten

½ Eisbergsalat, in Streifen geschnitten
1 kleine Honigmelone, in 2,5 cm große Stücke geschnitten
250 g Erdbeeren, in Scheiben geschnitten
5-cm-Stück Gurke, in dünne Scheiben geschnitten
frische Minze, zum Garnieren

Dressing

200 g Naturjoghurt
5-cm-Stück Gurke, geschält
frische Minzeblätter
¼ TL fein abgeriebene Limettenschale
1 Prise Zucker
3–4 Eiswürfel

Den Eisbergsalat auf 4 Teller verteilen.

Die Melonenwürfel mit den Erdbeer- und Gurkenscheiben auf den Salatblättern verteilen.

Für das Dressing alle Zutaten mit einem Pürierstab oder in der Küchenmaschine glatt pürieren.

Das Dressing über den Salat gießen. Mit Minze garnieren und sofort servieren.